航空服务日语教程

主 编 王 烁 赵冰清

北京理工大学出版社
BEIJING INSTITUTE OF TECHNOLOGY PRESS

版权专有 侵权必究

图书在版编目(CIP)数据

航空服务日语教程 / 王烁，赵冰清主编. -- 北京：北京理工大学出版社，2023.8
ISBN 978-7-5763-2796-0

Ⅰ.①航… Ⅱ.①王… ②赵… Ⅲ.①民用航空-日语-口语-高等职业教育-教材 Ⅳ.①F56

中国国家版本馆 CIP 数据核字(2023)第 158330 号

责任编辑：武丽娟　　**文案编辑**：武丽娟
责任校对：刘亚男　　**责任印制**：施胜娟

出版发行 / 北京理工大学出版社有限责任公司
社　　址 / 北京市丰台区四合庄路 6 号
邮　　编 / 100070
电　　话 / (010) 68914026（教材售后服务热线）
　　　　　　 (010) 68944437（课件资源服务热线）
网　　址 / http://www.bitpress.com.cn

版 印 次 / 2023 年 8 月第 1 版第 1 次印刷
印　　刷 / 涿州市新华印刷有限公司
开　　本 / 787 mm × 1092 mm　1/16
印　　张 / 10.75
字　　数 / 253 千字
定　　价 / 65.00 元

图书出现印装质量问题，请拨打售后服务热线，负责调换

前言 Preface

党的二十大报告中提出,中国始终致力于推进构建人类命运共同体。习近平总书记指出:"这个世界,各国相互联系、相互依存的程度空前加深。"随着"一带一路"倡议的提出和东北亚经济圈的构建,我国与邻邦日本之间的经贸文化往来日益频繁,日益繁忙的区域航线运输增加了航空公司和机场对乘务人员、地勤人员、安检人员等掌握日语服务技能的需求。培养民航业相关岗位服务人员掌握一定的日语服务技能无疑是实现培养多能力、高素质人才的重要一环。

我们注意到,为顺应这一需求,市面上已有面向乘务人员以及乘务专业学生编写的日语教材,内容翔实丰富,非常值得学习借鉴。同时,基于多年的实践教学经验,我们也注意到对于高职院校日语零基础学习者而言,有些教材的内容过深过难,容易使学习者产生畏难情绪进而放弃学习。此外,针对机场地勤人员和安检人员的实用日语教材在市场上仍是一片空白。因此,教材编者旨在编写一本涵盖民航地面服务和空中服务两方面内容,适合高职院校零基础日语学习者学习难度的实用日语教程。

本教材打破日语学习必须学习五十音图和记忆假名的传统教学途径,以罗马音代替假名学习,减少了大量的记忆负担,旨在让学习者轻松入门。本教材的另一大特点就是突出发音的重要性,用视觉符号标注音调、语调、停顿等发音信息,旨在让学习者学到真正能沟通的日语。

本教材适合各高职院校空中乘务、民航运输服务、民航安全技术管理专业的学生学习,突出职业特点,内容充实,实用性强。以工作任务流程为载体,对接岗位实际工作需求,每一课都是一个独立的工作情景,学完发音篇以后可以根据学习者的学习需求从任意一课开始学习,充分体现了职业院校

教材的实用性和职业性。

　　本教材由辽宁轻工职业学院航空服务系王烁和赵冰清两位老师编写。具体编写分工如下：第一部分日语基础知识由王烁、赵冰清共同编写；第二部分机场服务以及第三部分客舱服务的第 13、14 课由赵冰清编写；第三部分客舱服务的第 15 至 22 课由王烁编写；附录部分由王烁、赵冰清共同编写。

　　本教材在编写过程中得到了北京昱翔航空服务有限公司的大力支持和协助，在此表示深深感谢。

　　由于时间仓促，编者水平有限，本书编写过程中难免存在不当之处，敬请读者不吝赐教指正。

第一部分　日语基础知识

第1课　日本的文字 ……………………………………………………………… 3
第2课　清音（一） ……………………………………………………………… 6
第3课　清音（二） ……………………………………………………………… 10
第4课　浊音、半浊音 …………………………………………………………… 13
第5课　拨音、促音、拗音、长音 ……………………………………………… 16
第6课　声调和语调 ……………………………………………………………… 19

第二部分　机场服务

第7课　机场问询 ………………………………………………………………… 24
　　　　对话 …………………………………………………………………… 24
　　　　单词 …………………………………………………………………… 25
　　　　语法与句型解说 ……………………………………………………… 26
　　　　发音要点 ……………………………………………………………… 28
　　　　练习 …………………………………………………………………… 29
　　　　知识拓展 ……………………………………………………………… 30
第8课　登机手续 ………………………………………………………………… 31
　　　　对话 …………………………………………………………………… 31
　　　　单词 …………………………………………………………………… 32
　　　　语法与句型解说 ……………………………………………………… 33
　　　　发音要点 ……………………………………………………………… 35
　　　　练习 …………………………………………………………………… 36
　　　　知识拓展 ……………………………………………………………… 37
第9课　托运行李 ………………………………………………………………… 38
　　　　对话 …………………………………………………………………… 38

单词	39
语法与句型解说	40
发音要点	42
练习	42
知识拓展	43

第10课　证件检查 ········· 45
对话	45
单词	46
语法与句型解说	46
发音要点	48
练习	49
知识拓展	49

第11课　物品检查 ········· 51
对话	51
单词	52
语法与句型解说	53
发音要点	55
练习	56
知识拓展	57

第12课　人身检查 ········· 58
对话	58
单词	59
语法与句型解说	60
发音要点	61
练习	62
知识拓展	62

第三部分　客舱服务

第13课　引导座位、安放行李 ········· 66
对话	66
单词	67
语法与句型解说	68
发音要点	70
练习	71
知识拓展	72

第14课　起飞前的检查 ········· 73
| 对话 | 73 |
| 单词 | 74 |

语法与句型解说 75
　　　发音要点 76
　　　练习 77
　　　知识拓展 77

第15课　餐饮服务 79
　　　对话 79
　　　单词 81
　　　语法与句型解说 81
　　　发音要点 83
　　　练习 84
　　　知识拓展 84

第16课　机内娱乐设施 86
　　　对话 86
　　　单词 87
　　　语法与句型解说 88
　　　发音要点 89
　　　练习 90
　　　知识拓展 91

第17课　免税品销售 92
　　　对话 92
　　　单词 94
　　　语法与句型解说 95
　　　发音要点 96
　　　练习 97
　　　知识拓展 97

第18课　紧急情况 99
　　　对话1 99
　　　对话2 100
　　　单词 101
　　　语法与句型解说 102
　　　发音要点 103
　　　练习 104
　　　知识拓展 104

第19课　航班延误 106
　　　对话 106
　　　单词 107
　　　语法与句型解说 108
　　　发音要点 109
　　　练习 109
　　　知识拓展 110

第20课　着陆前 112
　　对话 112
　　单词 113
　　语法与句型解说 114
　　发音要点 115
　　练习 115
　　知识拓展 116

第21课　着陆 118
　　对话 118
　　单词 120
　　语法与句型解说 120
　　发音要点 121
　　练习 122
　　知识拓展 122

第22课　欢送乘客 124
　　对话 124
　　单词 125
　　语法与句型解说 126
　　发音要点 127
　　练习 127
　　知识拓展 128

第四部分　附　　录

附录一　课文翻译 130
附录二　课后练习参考答案 137
附录三　单词索引 147
附录四　航空日语常用词汇 157

第一部分

日语基础知识

第1课　日本的文字

第1课 视频

学习目标

◎ 知识目标　　掌握日本文字的起源、假名的由来，以及与中国文字的关联
◎ 能力目标　　辨认日本汉字与中国汉字的差别，熟记日本文字的分类和使用场合
◎ 素质目标　　领会日本文字的分类，为后续学习发音打下基础
◎ 思政目标　　培养学生求同存异地处理文化间的差异，面向国际乘客展示大国自信

日本人因长期生活在海中的岛屿上，与大陆往来比较困难，所以历史上很长一段时间，日本只有语言没有文字。这个时期形成和使用的语言称为"和语"。在5世纪前后，开始有汉字由中国传入日本，日本宫廷女倌将这些汉字改进，创造出日语的假名，来表示"和语"的发音。日语与汉语关系密切，尤其在语音和文字方面至今仍有着千丝万缕的联系。

一、日本的文字

日本所使用的文字包括平假名、片假名、汉字、罗马字和阿拉伯数字等。

1. 平假名

平假名有あ、い、う、え、お等46个。平假名的使用最为广泛，主要用于书写没有汉字的日语词汇、活用词词尾部分、助词连体词、感叹词等。其起源于草书，写法圆润。

2. 片假名

片假名有ア、イ、ウ、エ、オ等46个。片假名通常用于书写外来语、部分拟声词、拟态词等，以及希望引起对方特别注意的时候。其起源于汉字的偏旁部首，写法横平竖直。

3. 汉字

日本官方公布的《常用汉字表》中共有1 945个汉字。汉字主要用于书写日语中的汉语词汇。

例如：（中国汉字）春、夏、秋、冬……
　　　（日本汉字）辻、峠、畑……

4. 罗马字

罗马字常用于标记专有名词，如商标、公司名、人名、地名。此外，计算机中输入日语时也采用罗马字。

例如：NIPPON（日本）、NHK（日本放送协会）

5. 阿拉伯数字

与汉语写法相同。例如：1、2、3、4、100…

例句：わたしは　9　時　に　ラジオ　で　NHK　放送　を　聞　く。
　　　平假名　数字　汉字　平假名　片假名　平假名　罗马字　汉字　平假名　汉字　平假名

翻译：我 9 点听收音机里的 NHK 广播。

（本例句中包含了日语的 5 种文字）

二、关于中日汉字

中日两国使用的汉字，本来都是汉字的繁体字。但后来两国都进行了文字改革，有的字我国简化了，日本没有简化；有的字日本简化了，我国没有简化。有的字两国虽都简化了，但简化的方式却不相同。所以要注意它们的区别。

日语书写中，一般是平假名与日语汉字混合使用。日语中的汉字写法，有的与现代汉语相同，也有不同的。另外，日本人也自己创造了一些汉字。

◆ 形同意同：学生、日本、宇宙
◆ 形同意异：丈夫、娘、大根
◆ 形异意同：化粧、紅葉、優勝
◆ 形异意异：手紙、写真、映画
◆ 汉字与假名结合而成的：行く、話す
◆ 日本人自己创造的：辻、峠、畑

三、日语的读音

日本人结合原有的发音和先进的汉字创造了自己的语言标记方法，但由于对汉字的利用方式不同，日语中汉字的发音有"音读"和"训读"两大类。

1. 音读

模仿古代汉语的发音读汉字，这种发音与现代汉语中的发音相似。由于汉字的读法传到日本是一个漫长的历史过程，所以日语中有些汉字的读音不是唯一的。

2. 训读

利用汉字来表达日语固有词语意义的读法，也可以说是汉字的日译。

例如：汉字"人"——训读：ひと

——音读：じん／にん

四、日语标点符号的书写

书写格式方面，传统上是竖排，从右往左书写。现代文章越来越多采用从左到右的横排方式，尤其是计算机书写的文章。

常用标点有：

◆ 句号——。

◆ 逗号——、或，（竖写时写作"、"，横写时多写作"，"，但也有人写作"、"）

◆ 间隔号／中点——・（仅限于名次间的列举，例如：序論・本論・結論）

◆ 单引号——「」（相当于汉语的""）

◆ 双引号——『』（相当于汉语的《》）

◆ 括号——（）

问号（？）、感叹号（！）在正式文章中不常使用，但近年来在一般内容的文章、个人通信中使用得比较普遍。

第 2 课　清音（一）

第 2 课　音频　　第 2 课　视频

学习目标

- ◎**知识目标**　掌握日语元音的发音与汉语发音的区别，熟悉日语中的清音
- ◎**能力目标**　通过罗马字辨认日语的清音，熟读单词练习
- ◎**素质目标**　树立正确的学习目标，为后续学习浊音、半浊音打下基础
- ◎**思政目标**　培养学生踏实肯干、爱岗敬业的情怀

五十音图（清音）

行段	あ行 a	か行 k	さ行 s	た行 t	な行 n	は行 h	ま行 m	や行 y	ら行 r	わ行 w
あ段	あア a	かカ ka	さサ sa	たタ ta	なナ na	はハ ha	まマ ma	やヤ ya	らラ ra	わワ wa
い段	いイ i	きキ ki	しシ shi	ちチ chi	にニ ni	ひヒ hi	みミ mi	いイ i	りリ ri	いイ i
う段	うウ u	くク ku	すス su	つツ tsu	ぬヌ nu	ふフ fu	むム mu	ゆユ yu	るル ru	うウ u
え段	えエ e	けケ ke	せセ se	てテ te	ねネ ne	へヘ he	めメ me	えエ e	れレ re	えエ e
お段	おオ o	こコ ko	そソ so	とト to	のノ no	ほホ ho	もモ mo	よヨ yo	ろロ ro	をヲ wo

现代日语有 5 个元音，即あ (a)、い (i)、う (u)、え (e)、お (o)。所谓元音就是气流从肺部呼出后，在口腔不受任何阻碍，声带振动所发出的音。除可以单独发音外，也可与其他辅音拼读构成其他假名的发音。

与汉语不同的是，日语自然发音时，唇形的变化比汉语小，而且发音时口型和声调的

高低始终不变，这一点应特别注意。

（1）あ (a)：日语的あ (a) 上下开口要比汉语小，发音时舌头的位置稍靠后。

（2）い (i)：い (i) 的口型上下张开的程度与汉语基本相同，但左右开得小。

（3）う (u)：う (u) 的发音与汉语的"u"有很大不同，汉语的"u"嘴唇向前凸出，而日语的う (u) 嘴唇几乎是平的。

（4）え (e)：え (e) 的发音与汉语里"ei"的前半部分相似，开口不用过大。

（5）お (o)：发お (o) 音时，嘴上下张开，嘴唇略呈圆形，舌头的位置稍靠后一些。

あ行假名

平假名	あ	い	う	え	お
片假名	ア	イ	ウ	エ	オ
罗马字	a	i	u	e	o

发音练习

あえいう a e i u　　いえあお i e a o

えおあい e o a i　　あいうえお a i u e o

单词练习

①愛（あい）a i　　②青い（あおい）a o i

⓪上（うえ）u e　　②家（いえ）i e

⓪甥（おい）o i　　①エア e a

か行假名

平假名	か	き	く	け	こ
片假名	カ	キ	ク	ケ	コ
罗马字	ka	ki	ku	ke	ko

か (ka) 行辅音的发音与汉语"k"相近，气流较强。

发音练习

かけきく ka ke ki ku　　きけかこ ki ke ka ko

けこかき ke ko ka ki　　かきくかこ ka ki ku ka ko

单词练习

①赤（あか）a ka　　　⓪柿（かき）ka ki
①奥（おく）o ku　　　②池（いけ）i ke
①家屋（かおく）ka o ku　　①声（こえ）ko e

さ行假名

平假名	さ	し	す	せ	そ
片假名	サ	シ	ス	セ	ソ
罗马字	sa	shi	su	se	so

さ（sa）行的さ（sa）、せ（se）、そ（so）的辅音与汉语"s"的发音相近。第二个音し（shi）与汉语"东西"的"西"相近，す（su）与汉语"思考"的"思"发音相近，但嘴唇要放松一些。

发音练习

させしそ sa se shi so　　　しせさそ shi se sa so
せそさし se so sa shi　　　さしすせそ sa shi su se so

单词练习

①傘（かさ）ka sa　　　①寿司（すし）su shi
①世界（せかい）se ka i　　①基礎（きそ）ki so
⓪椅子（いす）i su　　　⓪腰（こし）ko shi

た行假名

平假名	た	ち	つ	て	と
片假名	タ	チ	ツ	テ	ト
罗马字	ta	chi	tsu	te	to

た（ta）行的た（ta）、て（te）、と（to）的辅音与汉语"t"的发音相似。ち（chi）的发音与汉语数字"7"的发音相似，つ（tsu）的发音与汉语"ci"的发音相似。

发音练习

たてちと ta te chi to　　　ちてたと chi te ta to
てとたつ te to ta tsu　　　たちつてと ta chi tsu te to

单词练习

⓪形（かたち）ka ta chi　　②高い（たかい）ta ka i
⓪土地（とち）to chi　　　　①外（そと）so to
⓪机（つくえ）tsu ku e　　　②暑い（あつい）a tsu i

な行假名

平假名	な	に	ぬ	ね	の
片假名	ナ	ニ	ヌ	ネ	ノ
罗马字	na	ni	nu	ne	no

な(na)行辅音的发音与汉语"n"的发音基本相同。

发音练习

なねにの na ne ni no　　　にねなの ni ne na no
ねのなに ne no na ni　　　なにぬねの na ni nu ne no

单词练习

⓪仮名（かな）ka na　　①猫（ねこ）ne ko
⓪犬（いぬ）i nu　　　　⓪蟹（かに）ka ni
⓪布（ぬの）nu no　　　　⓪後（のち）no chi

第3课　清音（二）

第3课 音频　　第3课 视频

学习目标

- ◎**知识目标**　熟悉日语中所有的清音，将日语的发音与汉语拼音的发音区分开
- ◎**能力目标**　通过罗马字辨认日语的清音，熟读单词练习
- ◎**素质目标**　树立正确的学习目标，为后续学习浊音、半浊音打下基础
- ◎**思政目标**　培养学生创新敬业的工匠精神

は行假名

平假名	は	ひ	ふ	へ	ほ
片假名	ハ	ヒ	フ	ヘ	ホ
罗马字	ha	hi	fu	he	ho

は(ha)行的辅音不像汉语"h"那样呼出较强的气流。这一行比较特殊的是第三个ふ(fu)，注意读ふ(fu)时不要咬嘴唇。

发音练习

はへひほ　ha he hi ho　　　　ひへはほ　hi he ha ho
へほはひ　he ho ha hi　　　　はひふへほ　ha hi fu he ho

单词练习

①船（ふね）fu ne　　　　　①母（はは）ha ha
②低い（ひくい）hi ku i　　　⓪财布（さいふ）sa i fu
⓪他（ほか）ho ka　　　　　⓪箱（はこ）ha ko

ま行假名

平假名	ま	み	む	め	も
片假名	マ	ミ	ム	メ	モ
罗马字	ma	mi	mu	me	mo

ま (ma) 行辅音的发音与汉语"m"的发音基本相同。

发音练习

まめみも ma me mi mo　　　みめまも mi me ma mo
めもまみ me mo ma mi　　　まみむめも ma mi mu me mo

单词练习

①海（うみ）u mi　　　①飲む（のむ）no mu
②紙（かみ）ka mi　　　⓪虫（むし）mu shi
③娘（むすめ）mu su me　　⓪重い（おもい）o mo i

や行假名

平假名	や	い	ゆ	え	よ
片假名	ヤ	イ	ユ	エ	ヨ
罗马字	ya	i	yu	e	yo

や (ya) 行的第二、第四个音い (i) 和え (e) 与元音あ (a) 行的音重复，本行只新增加了三个音。

发音练习

やえいよ ya e i yo　　　いえやよ i e ya yo
えよやい e yo ya i　　　やいゆえよ ya i yu e yo

单词练习

②部屋（へや）he ya　　　②お湯（おゆ）o yu
⓪行く（ゆく）yu ku　　　⓪火薬（かやく）ka ya ku
③休み（やすみ）ya su mi　　③夜明け（よあけ）yo a ke

ら行假名

平假名	ら	り	る	れ	ろ
片假名	ラ	リ	ル	レ	ロ
罗马字	ra	ri	ru	re	ro

ら（ra）行辅音的发音与汉语"l"相近，但舌位稍靠后，舌尖轻弹上颚后迅速离开。日本人不擅长发汉语拼音里"r"的音，日语中要把"r"当作"l"来看。

发音练习

られりろ ra re ri ro　　　りれらろ ri re ra ro
れろらり re ro ra ri　　　らりるれろ ra ri ru re ro

单词练习

①夜（よる）yo ru　　　①理解（りかい）ri ka i
②降ろす（おろす）o ro su　　　②古い（ふるい）fu ru i
⓪桜（さくら）sa ku ra　　　⓪ところ to ko ro

わ行假名

平假名	わ	い	う	え	を
片假名	ワ	イ	ウ	エ	ヲ
罗马字	wa	i	u	e	wo

わ（wa）的发音与汉语"wa"相近，只是嘴唇呈圆形的时间比汉语要短得多，之后马上张开嘴。不要长时间使嘴唇呈圆形，否则会变成うわ（u wa）。わ行的い（i）、う（u）、え（e）、を（wo）与あ行的い（i）、う（u）、え（e）、お（o）发音相同。另外，わ（wa）行的最后一个音を（wo），只具有语法作用，不会出现在单词中。

单词练习

①粟（あわ）a wa　　　②川（かわ）ka wa
②綿（わた）wa ta　　　⓪私（わたし）wa ta shi
⓪笑う（わらう）wa ra u　　　⓪終わる（おわる）o wa ru

第4课 浊音、半浊音

第4课 音频

第4课 视频

学习目标

◎ 知识目标　掌握日语浊音、半浊音的发音与汉语发音的异同
◎ 能力目标　通过罗马字辨认日语的浊音、半浊音，熟读单词练习
◎ 素质目标　掌握实际应用的语言技能，养成良好的沟通能力
◎ 思政目标　培养学生逐步养成宾客至上、礼貌热情的服务品质

一、浊音

浊音是由清音部分的"か（ka）""さ（sa）""た（ta）""は（ha）"四行派生而来的。"が（ga）行""ざ（za）行""だ（da）行""ば（ba）行"辅音的口形和舌位与"か（ka）行""さ（sa）行""た（ta）行""は（ha）行"辅音的口形和舌位一样。发浊音时，声带开始颤动的时间比发清音要早。

が行假名

平假名	が	ぎ	ぐ	げ	ご
片假名	ガ	ギ	グ	ゲ	ゴ
罗马字	ga	gi	gu	ge	go

が行假名位于单词的词中或词尾时，可以读鼻浊音。但在拟声词、拟态词或外来语单词中一般不读鼻浊音。

发音练习

がげぎご　ga ge gi go　　　ぎげがご　gi ge ga go
げごがぎ　ge go ga gi　　　がぎぐげご　ga gi gu ge go

单词练习

①ガス ga su　　　①技師（ぎし）gi shi
①劇（げき）ge ki　　①画家（がか）ga ka
⓪五色（ごしき）go shi ki　　①ゴム go mu

ざ行假名

平假名	ざ	じ	ず	ぜ	ぞ
片假名	ザ	ジ	ズ	ゼ	ゾ
罗马字	za	ji	zu	ze	zo

发音练习

ざぜじぞ za ze ji zo　　じぜざぞ ji ze za zo
ぜぞざじ ze zo za ji　　ざじずぜぞ za ji zu ze zo

单词练习

①指示（しじ）shi ji　　⓪風（かぜ）ka ze
⓪膝（ひざ）hi za　　⓪鈴（すず）su zu
⓪水（みず）mi zu　　⓪座席（ざせき）za se ki

だ行假名

平假名	だ	ぢ	づ	で	ど
片假名	ダ	ヂ	ヅ	デ	ド
罗马字	da	di	du	de	do

发音练习

だでぢど da de di do　　ぢでだど di de da do
でどだぢ de do da di　　だぢづでど da di du de do

单词练习

①窓（まど）ma do　　⓪袖（そで）so de
⓪大学（だいがく）da i ga ku　　⓪独立（どくりつ）do ku ri tsu
⓪友達（ともだち）to mo da chi　　②出来事（できごと）de ki go to

ば行假名

平假名	ば	び	ぶ	べ	ぼ
片假名	バ	ビ	ブ	ベ	ボ
罗马字	ba	bi	bu	be	bo

发音练习

ばべびぼ ba be bi bo　　びべばぼ bi be ba bo
べぼばび be bo ba bi　　ばびぶべぼ ba bi bu be bo

单词练习

①ビル bi ru　　　　　　⓪指輪（ゆびわ）yu bi wa
①僕（ぼく）bo ku　　　⓪遊ぶ（あそぶ）a so bu
①バス ba su　　　　　　⓪クラブ ku ra bu

二、半浊音

半浊音只有一行，是由清音的"は（ha）"行派生而来的。从假名的字形上看，ぱ（pa）行是は（ha）行衍生出来的，其写法是は（ha）行右上角加一个圈。从语音学本质上，ぱ（pa）行也属于清音，其辅音部分没有声带的震动。

ぱ行假名

平假名	ぱ	ぴ	ぷ	ぺ	ぽ
片假名	パ	ピ	プ	ペ	ポ
罗马字	pa	pi	pu	pe	po

发音练习

ぱぺぴぽ pa pe pi po　　ぴぺぱぽ pi pe pa po
ぺぽぱぴ pe po pa pi　　ぱぴぷぺぽ pa pi pu pe po

单词练习

①パパ pa pa　　　　　　⓪ピアノ pi a no
①ポスト po su to　　　　⓪ピストル pi su to ru
①プラス pu ra su　　　　①パズル pa zu ru

第5课　拨音、促音、拗音、长音

🔍 学习目标

◎**知识目标**　掌握日语的拨音、促音、拗音、长音的发音要点及罗马字
◎**能力目标**　通过罗马字辨认日语的拨音、促音、拗音、长音，熟读单词练习
◎**素质目标**　养成良好的职业道德和服务意识
◎**思政目标**　培养学生自主学习能力和团队协作解决问题能力

一、拨音

平假名	片假名	罗马字
ん	ン	n

拨音是通过鼻腔发出的声音，它只出现在音节末尾，一般不单独使用，只能接在其他假名之后，和前面的音节拼合构成音节，但本身占一个拍节。

单词练习

②日本（にほん）ni hon　　　⓪禁煙（きんえん）kin en
①天気（てんき）ten ki　　　⓪電話（でんわ）den wa
①レモン re mon　　　　　　⓪寝室（しんしつ）shin shi tsu

二、促音

日语中有一个实际上听不见声音的音节，叫作促音。促音是利用发音器官的某一部分堵住气流，形成一个约一拍时间的短促的顿挫，然后放开堵塞，使气流急冲而出所发出的

音。发音要领是前面的音发完后，口型做好发下一个音的准备，等一会儿再发下一个音。

促音用靠右下小写的"っ（ッ）"来表示，罗马字母表示促音的方法是重复促音后面假名的第一个辅音字母。例：

きって　　　ki tte
ざっし　　　za sshi

促音只出现在か行、さ行、た行、ぱ行四行假名前面，当促音后面为さ行时，发完促音前的假名后，立即停顿一拍，在停顿期间漏出相当于汉语"s"的音。当促音后面为か、た、ぱ行音时，在发完促音前的假名后，立即停顿一拍，然后再发后面的音。

▌ 单词练习

⓪学校（がっこう）ga kko-　　　⓪日记（にっき）ni kki
①もっと mo tto　　　　　　　　⓪日本（にっぽん）ni ppon
⓪切符（きっぷ）ki ppu　　　　　①サッカー sa kka-

三、拗音

"い"段假名（除い以外）和复元音や、ゆ、よ拼合而成的音叫作拗音，共有33个。书写时"い"段假名后加小写靠下的や、ゆ、よ，见下表：

きゃ	キャ	kya	きゅ	キュ	kyu	きょ	キョ	kyo
ぎゃ	ギャ	gya	ぎゅ	ギュ	gyu	ぎょ	ギョ	gyo
しゃ	シャ	sha	しゅ	シュ	shu	しょ	ショ	sho
じゃ	ジャ	jya	じゅ	ジュ	jyu	じょ	ジョ	jyo
ちゃ	チャ	cha	ちゅ	チュ	chu	ちょ	チョ	cho
にゃ	ニャ	nya	にゅ	ニュ	nyu	にょ	ニョ	nyo
ひゃ	ヒャ	hya	ひゅ	ヒュ	hyu	ひょ	ヒョ	hyo
びゃ	ビャ	bya	びゅ	ビュ	byu	びょ	ビョ	byo
ぴゃ	ピャ	pya	ぴゅ	ピュ	pyu	ぴょ	ピョ	pyo
みゃ	ミャ	mya	みゅ	ミュ	myu	みょ	ミョ	myo
りゃ	リャ	rya	りゅ	リュ	ryu	りょ	リョ	ryo

▌ 单词练习

⓪客（きゃく）kya ku　　　　　⓪お茶（おちゃ）o cha
⓪会社（かいしゃ）ka i sha　　 ⓪写真（しゃしん）sha shin

⓪旅行（りょこう）ryo ko-　　　①彼女（かのじょ）ka no jyo

四、长音

把前一个假名的元音拉长一拍的音叫作长音（拨音除外）。

1. 平假名表示方法

规则	词例
"あ段"假名的长音是后接"あ"	② 母さん（か<u>あ</u>さん）ka- san ② お祖母さん（おば<u>あ</u>さん）o ba- san
"い段"假名的长音是后接"い"	② お祖父さん（おじ<u>い</u>さん）o ji- san ① 兄さん（に<u>い</u>さん）ni- san
"う段"假名的长音是后接"う"	① 空気（く<u>う</u>き）ku- ki ⑤ 郵便局（ゆ<u>う</u>びんきょく）yu- bin kyo ku
"え段"假名的长音是后接"い" 个别词长音后接"え"表示	① 経済（け<u>い</u>ざい）ke- za i ① 平野（へ<u>い</u>や）he- ya ① 姉さん（ね<u>え</u>さん）ne- san そうですね<u>え</u> so- de su ne-
"お段"假名的长音是后接"う" 个别词长音后接"お"表示	② お父さん（おと<u>う</u>さん）o to- san ⓪ 方法（ほ<u>う</u>ほ<u>う</u>）ho- ho- ① 多く（お<u>お</u>く）o- ku ③ 大きい（お<u>お</u>きい）o- ki-

2. 片假名表示方法

用片假名表示外来语时，只需要在片假名后面加上长音符号"ー"（竖写时用"｜"）。

> 单词练习

①レバー　re ba-　　　　　　①サーブ　sa- bu
②デパート　de pa- to　　　　⓪ルール　ru- ru

第6课　声调和语调

第6课　音频

学习目标

◎ **知识目标**　掌握日语的声调特点、表示法，句中和句尾的语调
◎ **能力目标**　按照单词的声调表示法正确读出单词，按照句子"小山丘"的高低起伏正确读出句子
◎ **素质目标**　养成流畅的日语口语表达能力、服务沟通能力
◎ **思政目标**　培养学生民族自豪感、爱国爱家的情怀

一、声调

日语的声调是"高低声调"，而不是"轻重声调"，即根据音节的高低来区别词意的声调。它有两个主要特点：

（1）一个词里一旦声调出现下降，就不会再次升高。即不会出现"高低高低"或"高低低高"等声调。

（2）第1个音节与第2个音节高低一定不同。第1个音节高读的话，第2个音节就低读。反之，第1个音节低读的话，第2个音节就高读。

日语声调常见的表示法有两种：

（1）数字表示法：用①②③④⓪等数字表示声调高低持续到哪个音节。本书的单词部分都是用此种方法表示音调。

⓪→第一个音节高，其余音节低。

　　如：⓪　家族（かぞく）ka zo ku，声调是高低低。

②→第一个音节低，第二个音节高，其余低。

　　如：②　チケット chi ke tto，声调是低高低低。

③→第一个音节低，第二、三个音节高，其余低。

　　如：③　飲み物（のみもの）no mi mo no，声调是低高高低。

④→第一个音节低，第二、三、四个音节高，其余低。

　　如：④　目的地（もくてきち）　mo ku te ki chi，声调是低高高高低。

⓪→第一个音节低，从第二个音节开始高，其余不降调。

　　如：⓪　到着（とうちゃく）　to- cha ku，声调是低高高高。

（2）折线表示法：用"—"表示。横线在上方时该音节高读，横线在下方时该音节低读。折线表示法比较直观，适合学习者自己标注使用。

　　如：た̄だ̱い̱ま̱ 声调是低高低低。

声调练习

①爱（あい）a i　　　　　　①いい i i
①会う（あう）a u　　　　　②青い（あおい）a o i
⓪上（うえ）u e　　　　　　⓪魚（うお）u o

二、语调

1. 句尾的语调

（1）疑问句的句尾一般读升调。

如：これは何ですか。kore wa nan desuka。　这个是什么？

特殊情况是以でしょうか结尾的句子需要读降调。

如：こちらはお客様のお荷物でしょうか。

　　kochira wa okyakusama no onimotsu desho-ka。　这是您的行李吗？

（2）陈述句的句尾读降调。

これは本です。kore wa hon desu。　这是书。

これは本ですか。kore wa hon desuka。　这是书啊！

（3）根据所表达的感情不同，语调的高低起伏会有一定变化。一般来讲，情绪越激烈（高兴、生气、吃惊等），高低起伏越明显，反之，情绪波动不大时高低起伏也较小。在服务过程中应注意，语调的起伏能更好地传达自己的意图和心情，可以避免不必要的麻烦。

2. 句中的语调

（1）日语的陈述句语调被称为「へ」の字型イントネーション（へ字语调），形象地表现了陈述句中的整个句子的高低就像日语的假名へ的形状一样，句首显著上升，随后缓慢逐渐下降直到句尾，形成一个"小山丘"一样的形状。需要注意语调是整个句子层面的高

低，并不影响某个单词的声调。

如：おはようございます。ohayo- gozaimasu。早上好。

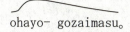
ohayo- gozaimasu。

（2）根据停顿或单词的声调等因素的影响，有时一句话可以分成若干个"小山丘"，如果没有句意的强调，若干个小山丘的高度从前往后递减。

如：次の方どうぞ。tsugi no kata do-zo。有请下一位旅客。

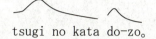
tsugi no kata do-zo。

（3）如果句子中某一部分是句意的中心或者需要强调的部分，则该部分对应的小山丘需要特别高读。

如：お座席はこちらでございます。ozaseki wa kochira degozaimasu。您的座位是这里。

ozaseki wa kochira degozaimasu。

语调练习

1.
   irasshaimase。

2.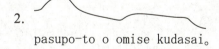
   pasupo-to o omise kudasai。

3.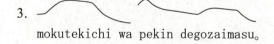
   mokutekichi wa pekin degozaimasu。

第二部分

机场服务

第7课　机场问询

🔍 学习目标

◎ **知识目标**　掌握机场问询服务中常用的日语词汇和实用句型
◎ **能力目标**　具备机场问询服务情景中用日语与旅客进行交流的能力
◎ **素质目标**　领会并掌握机场服务的流程和礼仪规范
◎ **思政目标**　培养学生的合作意识，学会与人交流，提高服务意识

 对话

乗客：sumimasen, NH913 bin wa kono ta-minaru desu ka。
　　　すみません、NH913便はこのターミナルですか。
係員：iie。ta-minaru 2 de gozaimasu。3 ban deguchi kara ku-ko- basu ni notte, tsugi no eki de gozaimasu。

いいえ。ターミナル2でございます。3番出口から空港バスに乗って、次の駅でございます。

乗客：wakarimashita。do-mo。
わかりました。どうも。

乗客：ANA no chekkuin kaunta- wa doko desu ka。
ANAのチェックインカウンターはどこですか。

係員：C kara G made de gozaimasu。
CからGまででございます。

乗客：wakarimashita。sorekara,rappingu wo shitai desu ga…
わかりました。それから、ラッピングをしたいですが…

係員：rappingu eria wa yu-binkyoku no tonari ni gozaimasu。massugu itte kudasai。
ラッピングエリアは郵便局の隣にございます。真っ直ぐ行ってください。

乗客：sore wa yu-ryo- desu ka。muryo- desuka。
それは有料ですか。無料ですか。

係員：muryo- de gozaimasu。
無料でございます。

乗客：wakarimashita。do-mo。
わかりました。どうも。

单词

日文发音	日语单词	中文释义
kono	この⓪	（连体）这个
ta-minaru	ターミナル①	（名）航站楼
iie	いいえ③	不
ban	番（ばん）①	（名）号
deguchi	出口（でぐち）①	（名）出口
ku-ko-	空港（くうこう）⓪	（名）机场
basu	バス①	（名）巴士
tsugino	次の（つぎの）②	（名）下一个

续表

日文发音	日语单词	中文释义
eki	駅（えき）①	（名）车站
ANA(e- enu e-)	ANA（えいえぬえい）	（名）全日空
che kku in	チェックイン④	（名）办理登机
ka un ta-	カウンター⓪	（名）窗口
ra ppin gu	ラッピング⓪	（名）打包，包装
yu-binkyoku	郵便局（ゆうびんきょく）③	（名）邮局
ma ssu gu	まっすぐ③	（副）笔直
iku	行く（いく）⓪	（动）走
yu-ryo-	有料（ゆうりょう）⓪	（名）收费
muryo-	無料（むりょう）⓪	（名）免费
JAL (jaru)	JAL（ジャル）①	（名）日本航空
chika ikkai	地下1階（ちかいっかい）	（名）地下一层
chikatetsu	地下鉄（ちかてつ）②	（名）地铁
CA (shi-e-)	CA（シーエー）	（名）中国国际航空
shokuji	食事（しょくじ）②	（名）吃饭
sangai	3階（さんがい）⓪	（名）3楼
resutoran	レストラン①	（名）餐厅

语法与句型解说

1. NH913 bin wa kono ta-minaru desu ka。

   NH913便はこのターミナルですか。

   【NH913航班是在这个航站楼吗？】

   解说1
   - 「A wa B desu」句型，表示A在B处。
   - wa是提示主题的助词。desu是句子的谓语，表示"在"。
   - 「ka」是疑问句的接尾词，表示疑问语气。「A wa B desu ka」表示"A在B处吗"。

   例句
   ◆ otearai wa doko desu ka。／お手洗いはどこですか。【洗手间在哪里？】

2. iie。ta-minaru 2 de gozaimasu。

   いいえ。ターミナル2でございます。

   【不，在第 2 航站楼。】

   解说 2

   ➢ 「de gozaimasu」是谓语动词，表示"是"或者"在"。

   例句

   ◆ A kaunta-de gozaimasu。/A カウンターでございます。【在 A 柜台。】

3. 3ban deguchi kara ku-ko- basu ni notte, tsugi no eki de gozaimasu。

   3 番出口から空港バスに乗って、次の駅でございます。

   【从 3 号出口乘坐机场巴士，下一站就是。】

   解说 3

   ➢ 「kara」是助词，表示"从"，「3ban deguchi kara」表示"从 3 号出口（出去）"。

   ➢ 「…ni notte」表示"乘坐……交通工具"，「ku-ko-basu ni notte」表示"乘坐机场巴士"。

   ➢ 「no」是助词，意为"的"。「tsugi no eki」是"下一个车站"的意思。

   ➢ 「de gozaimasu」表示"是"。「tsugi no eki de gozaimasu」表示"下一站就是"。

4. C kara G made de gozaimasu。

   C から G まででございます。

   【是从 C 柜台到 G 柜台。】

   解说 4

   ➢ 「kara」是助词，表示"从……"。「made」是助词，表示"到……"。「C kara G made」表示"从 C 柜台到 G 柜台"。

   ➢ 「de gozaimasu」是谓语动词，表示"是"。

5. rappinngu eria wa yu-binkyoku no tonari ni gozaimasu。

   ラッピングエリアは郵便局の隣にございます。

   【打包区在邮局旁边。】

   解说 5

   ➢ 「A wa B ni gozaimasu」是存在句句型，表示"A 在 B 处"。「wa」前面是存在的主语，「ni」前面是存在的地点。

   ➢ 「yu-binkyoku no tonari」表示"邮局旁边"。

> 例句

◆ menze-ten wa erebe-ta- no tonari ni gozaimasu。/免税店はエレベーターの隣にございます。【免税店在电梯边。】

6. massugu itte kudasai。

真っ直ぐ行ってください。

【请直走。】

> 解说6

➢「massugu」是副词，"笔直"的意思，这里指直走。

➢「itte」是动词「iku」（走）的变形。「…te kudasai」是请求命令对方做某事的句型，可以翻译为"请……"。「itte kudasai」翻译为"请走"。

表示指路的说法常见的还有：

➢ hidari ni magatte kudasai。ひだりにまがってください。请左转。

➢ migi ni magatte kudasai。みぎにまがってください。请右转。

发音要点

1. iie, **ta**-minaru **ni** de gozaimasu。

不是，是第二航站楼。

2. 3 ban **de**guchi kara ku-ko- **ba**su ni notte, tsu**gi** no **e**ki de gozaimasu。

从三号出口乘坐机场巴士，下一站就是。

3. **shi**- kara **ji**- made de gozaimasu。

是从C到G。

4. **ra**ppingu **e**ria wa yu-**bi**nkyoku no tonari ni gozaimasu。

打包区在邮局旁边。

5.
massugu itte kudasai。
请直走。

练习

一、请说出下列单词的汉语意思

ta-minaru（ターミナル）　　deguchi（でぐち）　　ku-ko-（くうこう）
basu（バス）　　chekkuin（チェックイン）　　rappingu（ラッピング）

二、请将下面的日语罗马字翻译成汉语

1. sumimasen, NH913 bin wa kono ta-minaru desu ka。

2. ANA no chekkuin kaunta-wa doko desu ka。

3. sore wa yu-ryo-desu ka? muryo-desuka。

三、请用日语说出下列服务用语

1. 请从3号出口出去乘坐机场巴士，下一站就是。

2. 不是，是在2号航站楼。

3. 打包处在邮局旁边，请直走。

四、请分组进行角色扮演，模拟机场问询的服务流程，完成日语会话。请注意日语发音以及服务动作、表情、语气等

知识拓展

日本的机场

目前，日本全国有近100个机场，其中旅客流量最大的是位于东京羽田的东京国际机场。东京国际机场通常被称为羽田机场。于1931年启用的羽田机场是日本首座商业机场，在1978年东京新国际机场启用之前，一直担负着国内和国际航线的运营业务。新国际机场正式运营之后，羽田机场成为以国内航线为中心的机场，而2010年第4条跑道开始启用，又充实了国际航线。除了首尔、上海、香港等亚洲城市，还有飞往洛杉矶、纽约和巴黎等欧美主要城市的直达航班。羽田机场也于2010年10月开始全天24小时运营。

东京新国际机场也称成田机场，位于东京以东约66公里（41英里）的地方。成田机场自1978年正式运营以来，作为日本的大门迎接了众多的海外旅客。2009年，成田机场不仅扩充了跑道，增加了航班，还开通了成田SkyAccess特快列车，乘坐特快列车只需要36分钟便可以抵达东京都中心，交通越来越方便。

大阪国际机场也称伊丹机场。在1994年9月关西国际机场启用前，一直担负着飞往关西地区的大多数国内航班和所有国际航班的业务。现主要用于国内航班起落。

关西国际机场坐落在大阪湾的人造岛。除了为更多的国际航空运营商提供延伸业务和进出港服务之外，这座机场还是日本第一家全天24小时营运的航空机构。

第8课　登机手续

第8课 音频

第8课 视频

学习目标

◎知识目标　掌握办理登机手续服务中常用的日语词汇和实用句型
◎能力目标　具备办理登机手续服务情景中用日语与旅客进行交流的能力
◎素质目标　领会并掌握办理登机手续服务的流程和礼仪规范
◎思政目标　培养学生守信诚恳、勤劳致富的健康就业观

 对话

係員：konnichiwa。pasupo-to o onegai itashimasu。
　　　こんにちは。パスポートをお願いいたします。
乗客：hai,kochira desu。

はい、こちらです。

係員：o azukari itashimasu。ozaseki ni gokibo-wa arimasuka。

　　　お預かりいたします。お座席にご希望はありますか。

乗客：tsu-rogawa o onegai shimasu。

　　　通路側をお願いします。

係員：kashikomarimashita。ozaseki wa 16C degozaimasu。to-jo-guchi wa 24ban degozaimasu。kochira kara osusumi kudasai。

　　　かしこまりました。お座席は16Cでございます。搭乗口は24番でございます。こちらからお進みください。

乗客：wakarimashita。arigato-gozaimasu。

　　　分かりました。ありがとうございます。

係員：iie。oki o tsukete，itterasshai mase。

　　　いいえ。お気をつけて、行ってらっしゃいませ。

 ## 单词

日文发音	日语单词	中文释义
konnichiwa	こんにちは⓪	您好
pasupo-to	パスポート③	（名）护照
kochira	こちら⓪	（代）这个；这边
zaseki	座席（ざせき）⓪	（名）座位
kibo-	希望（きぼう）⓪	（名）要求；希望
tsu-rogawa	通路側（つうろがわ）⓪	（名）靠过道
kashikomarimashita	かしこまりました	我明白了（尊敬）
to-jo-guchi	搭乗口（とうじょうぐち）③	（名）登机口
ban	番（ばん）⓪	（名）号
wakarimashita	分かりました（わかりました）	我明白了
arigato-gozaimasu	ありがとうございます	谢谢
iie	いいえ③	不用谢；不是
to-jo-ken	搭乗券（とうじょうけん）③	（名）登机牌
nimotsu	荷物（にもつ）①	（名）行李

语法与句型解说

1. pasupo-to o onegai itashimasu。
   パスポートをお願いします。
   【请出示您的护照。】

   解说1
   - 「名詞＋o onegai itashimasu」句型表示"请出示……""请给我……"。
   - 「o」是提示宾语的助词。「o」前面的部分是句子的宾语，也就是这句话中出示的内容。
   - 「onegai itashimasu」表示请求。这是一种自谦的用法，用于表达对对方的尊敬。

   例句
   ◆ goto-jo-ken o onegai itashimasu。／ご搭乗券お願いいたします。【请出示您的登机牌。】

2. o azukari itashimasu。
   お預かりいたします。
   【我先收下了。】

   解说2
   - azukari 是动词 azukaru（收下，暂存）的变形。
   - 「o…itashimasu」句型表示自谦和尊敬对方。这里表示对自己的动作"收下"的谦虚。

   例句
   ◆ o sage itashimasu。／お下げいたします。【我帮您撤下餐盘。】

3. ozaseki ni gokibo-wa arimasuka。
   お座席にご希望はありますか。
   【对于座位您有要求吗？】

   解说3
   - zaseki 前面的 o 和 kibo- 前面的 go 都是敬语接头词，加在对方的事物前表示对对方的尊敬。
   - 「ni」是助词，表示"对于……"，「ozaseki ni」的意思是"对于座位"。
   - 「…wa arimasuka」表示"有……吗"，「gokibo- wa arimasuka」的意思是"有要求吗"。

   几种常见的座位位置说法如下：

> madogawa 靠窗

> tsu-rogawa 靠过道

> mae no ho- 靠前

> ushiro no ho- 靠后

4. kashikomarimashita。

    かしこまりました。

    【我明白了。】

    解说 4

    > 「kashikomarimashita」是"我明白了"的尊敬表达形式，多用于服务用语中。乘客对服务人员说"我明白了"时用「wakarimashita」。

5. ozaseki wa 16C degozaimasu。to-jo-guchi wa 24ban degozaimasu。

    お座席は 16C でございます。搭乗口は 24 番でございます。

    【您的座位是 16C。登机口是 24 号。】

    解说 5

    > 这两句话共同用到的一个句型是「名詞 1+wa+ 名詞 2+de gozaimasu」，此句型是判断句句型，意思是"名词 1 是名词 2"。

    例句

    ◆ kochira wa goto-jo-ken degozaimasu。／こちらはご搭乗券でございます。
    【这是您的登机牌。】

6. kochira kara osusumi kudasai。

    こちらからお進みください。

    【请从这边走。】

    解说 6

    > kara 是助词，翻译为"从……"，kochira kara 表示"从这边"。

    > susumi 是动词 susumu（走，前进）的变形。

    > 句型「o…kudasai」表示请求对方做某事，是比较尊敬的说法，翻译为"请（做）……"。osusumi kudasai 表示"请走"。

    例句

    ◆ onimotsu o onose kudasai。／お荷物をお乗せください。【请把您的行李放上来。】

7. oki o tsukete,itterasshai mase。

    お気をつけて、行ってらっしゃいませ。

    【请您慢走。】

第二部分　机场服务

> 解说 7
> ➢ 这句是常用寒暄语，用于对方出行前的问候和告别。

发音要点

1. konnichiwa, pasu**po**-to o onegai itashimasu。
   您好，请出示您的护照。

2. o a**zu**kari itashimasu。
   我先收下了。

3. o**za**seki ni gokibo- wa ari**ma**suka。
   请问您对座位有什么要求吗？

4. kashikomari**ma**shita。
   我明白了。

5. o**za**seki wa ju-roku **shi**- degozaimasu。
   您的座位是 16C。

6. to-**jo**-guchi wa **ni**ju- **yo**n ban degozaimasu。
   登机口是 24 号。

7. kochira kara osusumi kuda**sa**i。
   请您从这边走。

8. iie。oki o **tsu**kete, itterasshai **ma**se。
不客气。请您慢走。

练习

一、请说出下列单词的汉语意思

pasupo-to（パスポート）　　zaseki（ざせき）　　tsu-rogawa（つうろがわ）
to-jo-guchi（とうじょうぐち）　kochira（こちら）　kibo-（きぼう）

二、请将下面的日语罗马字翻译成汉语

1. hai, kochira desu。

2. tsu-rogawa o onegai shimasu。

3. ozaseki wa 16C degozaimasu。

三、请将下面的汉语翻译成日语

1. 您好，请出示护照。

2. 请问您对座位有什么要求吗？

3. 登机口是13号，请从这边走。

四、请分组进行角色扮演，模拟办理登机手续流程，完成日语会话。请注意日语发音以及服务动作、表情、语气等

知识拓展

自助乘机和网上办理乘机手续

自助乘机是为了方便旅客出行，在机场提供的由旅客自助办理乘机相关手续的方式。它是区别于传统机场柜台乘机的一种办理乘机手续的全新方式。使用自助乘机的旅客无须在机场乘机服务柜台排队等候服务人员打印登机牌发票、分配座位，取而代之的是旅客可以通过特定的乘机凭证在自助乘机设备获取全部乘机信息，并根据屏幕提示操作选择座位、确认信息并最终获得登机牌。

网上办理乘机手续是一种方便快捷的办理登机手续方式。如果无须托运行李，那么通过网上办理登机手续提前预订座位并将登机牌打印出来，就可以直接通过安检登机，无须到机场乘机服务柜台排队办理登机牌，这样可以节省时间。

网上值机是便捷出行的一种在线服务，如今各大航空公司都在各自官网上推出了该服务，有些公司，例如南航在广州、东航在上海机场还可支持二维码值机。

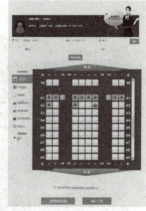

航空服务日语教程

第9课　托运行李

第9课 音频

第9课 视频

学习目标

◎知识目标　掌握托运行李服务中常用的日语词汇和实用句型
◎能力目标　具备托运行李服务情景中用日语与旅客进行交流的能力
◎素质目标　领会并掌握托运行李服务的流程和礼仪规范
◎思政目标　培养学生团队合作、敬业奉献的服务精神

 对话

係員：konnichiwa。oazukenimotsu wa arimasuka。
　　　こんにちは。お預け荷物はありますか。

乗客：hai，futatsu arimasu。
　　　はい、２つあります。
係員：korera no kikenbutsu wa haitte imasenka。
　　　これらの危険物は入っていませんか。
乗客：mobairu batteri- ga haitte imasuga…
　　　モバイルバッテリーが入っていますが…
係員：sore o dashite kudasai。
　　　それを出してください。
乗客：hai, wakarimashita。
　　　はい、わかりました。
係員：waremono ya kicho-hin wa haitte imasenka？
　　　割れ物や貴重品は入っていませんか？
乗客：hai, kochira no su-tsuke-su ni garasu no bin ga haitte imasu。
　　　はい、こちらのスーツケースにガラスのビンが入っています。
係員：kashikomarimashita。dewa, waremono shi-ru o ohari itashimasu。
　　　かしこまりました。では、割れ物シールをお貼り致します。
乗客：hai, onegaishimasu。
　　　はい、お願いします。
係員：onimotsu wa dairen made oazukari itashimasu。
　　　お荷物は大連までお預かりいたします。

 単词

日文发音	日语单词	中文释义
oazukenimotsu	お預け荷物（おあずけにもつ）⑤	（名）托运行李
futatsu	２つ（ふたつ）③	（数）两个
korera	これら②	（代）这些
kikenbutsu	危険物（きけんぶつ）②	（名）危险品
mobairubatteri-	モバイルバッテリー⑤	（名）充电宝
sore	それ⓪	（代）那个
waremono	割れ物（われもの）⓪	（名）易碎品
kicho-hin	貴重品（きちょうひん）⓪	（名）贵重物品
su-tsuke-su	スーツケース④	（名）行李箱

日文发音	日语单词	中文释义
garasu	ガラス⓪	（名）玻璃
bin	ビン①	（名）瓶
shi-ru	シール①	（名）登机牌
nimotsu	荷物（おにもつ）①	（名）行李
dairen	大連（だいれん）①	（地）大连
pasokon	パソコン⓪	（名）电脑

 语法与句型解说

1. oazukenimotsu wa arimasuka。

   お預け荷物はありますか。

   【请问您有托运行李吗？】

   解说 1

   ➤ 句型「…wa arimasuka」表示提问"有没有某物"。

2. korera no kikenbutsu wa haitte imasenka。

   これらの危険物は入っていませんか。

   【里面有没有这些危险品？】

   解说 2

   ➤ korera no 表示"这些的"。
   ➤ 句型「…wa haitte imasenka」表示提问"里面有没有装某物"。助词 wa 的前面是装的内容。

3. sore o dashite kudasai。

   それを出してください。

   【请把它取出来。】

   解说 3

   ➤ 句型「…o dashite kudasai」表示"请把……取出来"。
   ➤ o 是表示宾语的助词，o 前面是取出来的东西。
   ➤ dashi 是动词 dasu（取出来）的变形。
   ➤ 「…te kudasai」表示请求对方做某事，翻译为"请（做）……"。
   ➤ sore 代指旅客说的"移动电源"，可以翻译为"它"。

> **例句**
> ◆ pasokon o dashite kudasai。／パソコンを出してください。【请把电脑取出来。】

4. waremono ya kicho-hin wa haitte imasenka。
   割れ物や貴重品は入っていませんか。
   【里面有没有易碎品和贵重品等物品？】

   解说4
   ➢ 句型「…wa haitte imasenka」同解说2。
   ➢ 助词 ya 表示不完全列举，可以翻译为"和……"。waremono ya kicho-hin 表示"易碎品和贵重品等物品"。

5. dewa,waremono shi-ru o ohari itashimasu。
   では、割れ物シールをお貼り致します。
   【那么我给您贴上易碎品标签。】

   解说5
   ➢ 「dewa」表示根据上文所做的决定，翻译为"那么，这样的话"。
   ➢ o 是表示宾语的助词，o 前面是要粘贴的东西。
   ➢ hari 是动词 haru（粘，贴）的变形。
   ➢ 句型「o…itashimasu」见第8课解说2，表示自谦和尊敬对方。这里表示对自己的动作"粘贴"的谦虚。意思是"我给您粘上"。

6. onimotsu wa dairen made oazukari itashimasu。
   お荷物は大連までお預かりいたします。
   【您的行李会托运到大连。】

   解说6
   ➢ wa 是表示主题的助词，这句话的主题是 onimotsu（您的行李）。
   ➢ made 是助词，表示"到……"，dairen made 表示"到大连"。
   ➢ 「oazukari itasimasu」参考第8课解说2。本意是"（您的行李）我收下了"，在这句话的语境中，我们可以理解为"您的行李我收下了，会帮您托运（到大连）"。

发音要点

1. konnichiwa。oazuke**ni**motsu wa ari**ma**suka。
   您好，您有托运行李吗？

2. ko**re**ra no ki**ke**nbutsu wa **ha**itte ima**sen**ka。
   里面有没有这些危险品？

3. sore o **da**shite kudasai。
   请把它取出来。

4. waremono ya kicho-hin wa **ha**itte ima**sen**ka。
   里面有没有易碎品和贵重品等物品？

5. **de**wa, waremono **shi**-ru o ohari itashimasu。
   那么我给您贴上易碎品标签。

6. o**ni**motsu wa **da**iren made oazukari itashimasu。
   您的行李会托运到大连。

一、请说出下列单词的汉语意思
   azukenimotsu（あずけにもつ）　　kikenbutsu（きけんぶつ）　　shi-ru（シール）

su-tsuke-su（スーツケース）　　　waremono（割れ物）

二、请将下面的日语罗马字翻译成汉语

1. hai，futatsu arimasu。

2. mobairu batteri- ga haitte imasuga…

3. kochira no su-tsuke-su ni garasu no bin ga haitte imasu。

三、请将下面的汉语翻译成日语

1. 您好，有托运行李吗？

2. 里面有没有这些危险品呢？

3. 请把它取出来。

四、请分组进行角色扮演，模拟办理托运手续的流程，完成日语会话。请注意日语发音以及服务动作、表情、语气等

知识拓展

托运行李小贴士

航空运输中行李是如何分类的呢？哪些行李可以带入客舱，哪些行李必须要托运呢？下面进行简要介绍。

行李主要包括自理行李和托运行李。自理行李简单地说就是旅客在旅行中随身携带的、比较小件的包，一般重量不能超过 5 千克，体积不能超过 20 cm×40 cm×55 cm。托运行李就是交由航空公司放在飞机腹舱内运输的行李，旅客办理乘机手续托运行李，每件行李重量不得超过 50 千克，体积不能超过 40 cm×60 cm×100 cm。超过运输系统规定重量的行李应从行李超规安检专用柜台通过。

托运行李必须包装完善、锁扣完好、捆扎牢固，能承受一定的压力，能够在正常的操作条件下安全装卸和运输，并应符合下列条件，否则，承运人可以拒绝收运：①旅行箱、旅行袋和手提包等必须加锁；②两件以上的包件，不能捆为一件；③行李上不能附插其他物品；④竹篮、网兜、草绳、草袋等不能作为行李的外包装物；⑤行李上应写明旅客的姓名、详细地址、电话号码。

第10课　证件检查

第10课 音频

第10课 视频

学习目标

◎ **知识目标**　掌握安检证件检查中常用的日语词汇和实用句型
◎ **能力目标**　具备安检证件检查情景中用日语与旅客进行交流的能力
◎ **素质目标**　领会并掌握安检证件检查的流程和礼仪规范
◎ **思政目标**　培养学生养成爱岗敬业、一丝不苟的职业品质

对话

係員：tsugino kata do-zo。
　　　次の方どうぞ。
田中：hai。
　　　はい。

係員：pasupo-to to go to-jo-ken o misete kudasai。
　　　パスポートとご搭乗券を見せてください。

田中：hai。
　　　はい。

係員：kono kamera o mite kudasai。
　　　このカメラを見てください。

田中：hai。
　　　はい。

係員：hai,owarimasita。go kyo-ryoku arigato-gozaimashita。
　　　はい、終わりました。ご協力ありがとうございました。

单词

日文发音	日语单词	中文释义
tsugino	次の（つぎの）②	（连体）下一个
kata	方（かた）⓪	（名）人（尊称）
do-zo	どうぞ①	（副）请
misete kudasai	見せてください（みせてください）	请出示
kamera	カメラ①	（名）摄像头，相机
mite kudasai	見てください（みてください）	请看
owarimashita	終わりました（おわりました）④	（动）完成，结束
gokyo-ryoku	ご協力（ごきょうりょく）⓪	（名）配合
mibun sho-me-sho	身分証明書（みぶんしょうめいしょ）	（名）身份证明
mae	前（まえ）①	（名）前面

语法与句型解说

1. tsugino kata do-zo。
　　次の方どうぞ。
　　【下一位旅客请上前（接受检查）。】

   解说1

   ➢ tsugino是下一个的意思，kata是称呼人的尊称，服务用语中多使用kata。

tsugino kata 就是"下一个人，下一位旅客"的意思。

➢ do-zo 是"请"的意思，这里表示"请上前"。

例句

◆ kochira e do-zo。／こちらへどうぞ【请往这边来。】

2. pasupo-to to go to-jo-ken o misete kudasai。
パスポートとご搭乗券を見せてください。
【请出示您的护照和登机牌。】

解说2

➢ to 是表示并列、连接的助词，相当于中文的"和"。
➢「名詞 + o misete kudasai」句型表示"请出示……"。
➢「o」是提示宾语的助词，o 前面的内容是后面动词"请出示"的宾语，o 本身不需要翻译。
➢ mise 是动词 miseru（出示）的变形。「…te kudasai」是请求对方做某事的句型，可以翻译为"请……"。misete kudasai 翻译为"请出示"。

例句

◆ mibunsho-me-sho o misete kduasai。／身分証明書を見せてください。【请出示您的身份证明。】

3. kono kamera o mite kudasai。
このカメラを見てください。
【请看这个摄像头。】

解说3

➢ kono 是"这个"的意思。kono kamera 表示"这个摄像头"。
➢「名詞 +o mite kudasai」句型表示"请看……"。
➢ o 是提示宾语的助词，o 前面的内容是后面动词"请看"的宾语，o 本身不需要翻译。
➢ mite kudasai 是句子的谓语部分。mi 是动词 miru（看）的变形。「…te kudasai」是请求对方做某事的句型，可以翻译为"请……"。mite kudasai 翻译为"请看"。

例句

◆ mae o mite kduasai。／前を見てください。【请看前方。】

4. hai,owarimashita。
はい、終わりました。
【好了，检查完毕。】

> 解说 4

> hai 在这里是语气词，意思是"好了"。
> owarimashita 是动词结束、完成的意思。这里表示完成检查。

5. go kyo-ryoku arigato-gozaimashita。
   ご協力ありがとうございました。
   【感谢您的配合。】

> 解说 5

> kyo-ryoku 是"配合，合作"的意思，加上接头词 go 表示对对方的尊敬，go kyo-ryoku 可以翻译为"您的配合"。
> arigato-gozaimashita 是表示对对方已完成动作的感谢。

发音要点

1. tsugino kata do-zo。
   下一位旅客请上前接受检查。

2. pasupo-to to go to-jo-ken o misete kudasai。
   请出示您的护照和登机牌。

3. kono kamera o mite kudasai。
   请看这个摄像头。

4. hai, owarimasita。go kyo-ryoku arigato-gozaimashita。
   好了，检查完毕。感谢您的配合。

练习

一、请说出下列单词的汉语意思

tsugino（次の）　　kamera（カメラ）　　　　　　gokyo-ryoku（ご協力）
kata（かた）　　　misetekudasai（みせてください）　mitekudasai（見てください）

二、请将下面的日语罗马字翻译成汉语

1. tsugino kata do-zo。

2. pasupo-to to go to-jo-ken o misete kudasai。

3. go kyo-ryoku arigato-gozaimashita。

三、请将下面的汉语翻译成日语

1. 请看摄像头。

2. 请出示您的登机牌。

3. 检查完毕。

四、请分组进行角色扮演，模拟证件检查流程，完成日语会话。请注意日语发音以及服务动作、表情、语气等

知识拓展

智慧安检新技术

毫米波人体成像技术：作为目前全球安防领域的先进技术，其能够在不直接接触人体的情况下，有效检测出在衣物覆盖下藏匿于人体各部位的物品，特别是能够检测出非金属物品，并可以从图像上获取藏匿物品的形状、大小和位置等信息。毫米波人体成像设备具有对人体无害、穿透力强的特点，其发射功

率不及手机电磁波辐射的千分之一,能准确识别人体携带的物品,有效提高检查的客观性、准确性、针对性,降低安检人员的劳动强度,提高安检效率。

手提行李CT安检设备:可以生成行李的三维图像、切片图像,安检人员可以对这些图像进行360度旋转,让行李变得"透明",实现排查物品的快、精、准,有效提高检查的客观性、准确性和科学性,提升乘客过检体验。

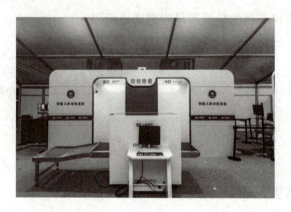

第二部分　机场服务

第11课　物品检查

第11课 音频

第11课 视频

学习目标

◎知识目标　掌握安检物品检查中常用的日语词汇和实用句型
◎能力目标　具备安检物品检查情景中用日语与旅客进行交流的能力
◎素质目标　领会并掌握安检物品检查的流程和礼仪规范
◎思政目标　培养学生逐步养成耐心讲解、将心比心的服务态度

对话

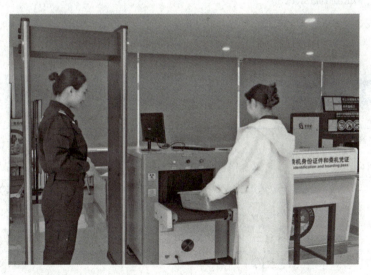

係員：poketto kara mono o dashite kudasai。
　　　ポケットから物を出してください。
田中：hai。kaban ni pasokon ga arimasuga,sore mo dashimasuka。

はい。かばんにパソコンがありますが、それも出しますか。
係員：hai, pasokon ya kasa nado mo dashite kudadsai。
　　　はい。パソコンや傘なども出してください。
田中：wakarimashita。
　　　わかりました。
係員：kono kaban wa donata sama no desuka。
　　　このかばんはどなたさまのですか。
田中：watashi no desu。
　　　私のです。
係員：kaban no naka ni pettobotoru ga haittei masuka。
　　　かばんの中にペットボトルが入っていますか。
田中：a, hai, so-desu。
　　　あ、はい、そうです。
係員：sore o dashite kudasai。
　　　それを出してください。
田中：hai, wakarimashita。
　　　はい、わかりました。
係員：sumimasenga, ko no botoru wa mochikomemasen。kaishu-sasete itadakimasu。
　　　すみませんが、このボトルは持ち込めません。回収させていただきます。
田中：hai, wakarimashita。
　　　はい、わかりました。

 ## 単词

日文发音	日语单词	中文释义
poketto	ポケット②	（名）口袋
mono	もの⓪	（名）东西
kaban	かばん⓪	（名）包，皮包
pasokon	パソコン⓪	（名）电脑
sore	それ⓪	（代）那个，它
kasa	傘（かさ）①	（名）雨伞
donata sama	どなた様（どなたさま）①	（名）哪位
watashi	私（わたし）⓪	（代）我

续表

日文发音	日语单词	中文释义
naka	中（なか）①	（名）里面
pettobotoru	ペットボトル ④	（名）塑料瓶
mochikomemasen	持ち込めません（もちこめません）⑥	不能带入
su-tsuke-su	スーツケース ④	（名）行李箱
supure-	スプレー ③	（名）喷雾

 语法与句型解说

1. poketto kara mono o dashite kudasai。
   ポケットから物を出してください。
   【请把口袋中的物品取出来。】

   解说 1
   - kara 是助词，意思是"从……"。poketto kara 表示"从口袋中"。
   - 「名詞 +o dashite kudasai」表示"把……取出来。"其中「o」是宾格助词，前面是"取出来"的宾语。「dashi」是动词「dasu」（取出）的变形。「te kudasai」是请求命令的句型"请……"。

2. pasokon ya kasa nado mo dashite kudadsai。
   パソコンや傘なども出してください。
   【请把笔记本电脑和雨伞等取出来。】

   解说 2
   - 此句句型同解说 1，都是「名詞 +o dashite kudasai」表示"把……取出来"。这句话中，助词 o 被助词 mo 代替，mo 的意思是"也"。
   - 「pasokon ya kasa nado」表示"电脑和雨伞等"。其中，助词 ya 表示不完全列举的"和"，nado 表示不完全列举的"……等"。

3. kono kaban wa donata sama no desuka。
   このかばんはどなた様のですか。
   【请问这个包是哪位旅客的？】

   解说 3
   - 句型「名詞 1 wa 名詞 2 desuka」是判断句句型的疑问句，表示"名词 1 是名词 2 吗"。

- 名词1的位置是kono kaban 表示"这个包"。
- 名词2的位置是donata sama no，其中donata是疑问代词"谁"，sama是对人的尊敬称呼，donata sama的意思是"哪位"。no是助词"的"意思。donata sama no 表示"哪位的"。
- 这个句型可以用来询问通过安检仪时可能存在问题的行李的主人。

例句

◆ kono su-tsuke-su wa donata sama no desuka。/このスーツケースはどなた様のですか。【这个行李箱是哪位旅客的？】

4. kaban no naka ni pettobotoru ga haittei masuka。

カバンの中にペットボトルが入っていますか。

【包里装塑料瓶了吗？】

解说4

- 句型「场所 ni 名詞 ga haitte imasuka」，表示"在某处装有某物吗"。
- 其中ni前面是存在的场所，在本句中场所是kaban no naka（包里面）。
- ga前面是存在的物品，即pettobotoru（塑料瓶）。
- haitte imasu是动词「hairu」（装有）的变形。句尾的ka是疑问助词，相当于"吗"。

例句

◆ kaban no naka ni hasami ga haittei masuka。/カバンの中にはさみが入っていますか。【包里有剪刀吗？】

5. sore o dashite kudasai。

それを出してください。

【请把它拿出来。】

解说5

- 此句句型同解说1。「名詞 +o dashite kudasai」表示"把……取出来"。这句话中，sore代指会话中提到的塑料瓶，翻译成"它"。

6. sumimasen ga,kono botoru wa mochikomemasen。

すみませんが、このボトルは持ち込めません。

【抱歉，这个瓶子不能带上飞机。】

解说6

- sumimasen是道歉的意思，ga表示这句话还没说完，还有下文。
- 句型「…wa mochikomemasen」表示某物不能带上飞机。wa前面是某物，mochikomemasen是动词「mochikomeru」（能带上）的否定型。

> 例句

◆ sumimasen ga, kono supure- wa mochikomemasen。／すみませんが、このスプレーは持ち込めません。【抱歉，这个喷雾不能带上飞机。】

7. kaishu- sasete itadakimasu。
   回収させていただきます。
   【由我收回了。】

> 解说 7

➢ 句型「動詞+sasete itadakimasu」表示"由我来做某事"，是一个谦虚礼貌的用法。
➢ kaishu- 是动词「kaishu- suru」（收回）的变形。
➢ 这句话的意思是"由我收回了。"

> 例句

◆ setsume- sasete itadakimasu。／説明させていただきます。【由我来说明一下。】

 发音要点

1. **po**ketto kara mo**no** o **da**shite kudasai。
   请把口袋里的物品取出来。

2. **ha**i。pasokon ya **ka**sa nado mo **da**shite kudadsai。
   请把笔记本电脑和雨伞等取出来。

3. kono kaban wa **do**nata sama no desuka?
   这个包是哪位旅客的?

4. kaban no **na**ka ni petto**bo**toruga **ha**ittei **ma**suka?
   包里装塑料瓶了吗?

5. sore o **da**shite kudasai。
请把它拿出来。

6. sumima**se**nga, kono botoru wa mochikomema**se**n。
抱歉，这个瓶子不能带上飞机。

7. kaishu- **sa**sete itadakimasu。
由我收回了。

 练习

一、请说出下列单词的汉语意思
　　pasokon（パソコン）　　poketto（ポケット）　　kaban（カバン）
　　kasa（かさ）　　　　　donatasama（どなたさま）　pettobotoru（ペットボトル）

二、请将下面的日语罗马字翻译成汉语
　　1. kaban ni pasokon ga arimasuga, sore mo dashimasuka。

　　2. watashi no desu。

　　3. sore o dashite kudasai。

三、请将下面的汉语翻译成日语
　　1. 请把口袋里的物品取出来。

　　2. 这个包是哪位旅客的？

　　3. 抱歉，这个瓶子不能带上飞机。

四、请分组进行角色扮演，模拟物品检查流程，完成日语会话。请注意日语发音以及服务动作、表情、语气等

知识拓展

为什么手提行李化妆品容器容积不大于 100 毫升?

每当在机场过检时，旅客都会听到安检人员的提醒：请将化妆包单独取出过检。单独过检是为了方便安检人员检查化妆品的容器容积是否符合民航规定。根据民航规定，旅客乘机可携带少量旅行自用化妆品（化妆品、沐浴液、刮胡泡、护发素等），每种化妆品限带一件，其额定容器容积不得超过 100 毫升并须置于独立袋内，接受开瓶检查。需要特别提醒的是，这里所指的 100 毫升是额定容器容积，而不是容器内化妆品的实际容量。也就是说，即使化妆品容量不超过 100 毫升，但其容器容积超过 100 毫升，也是不允许携带上机的。

为什么会作出这样的规定呢，主要是从安全和成本方面考虑的。从安全方面考虑，带上飞机的任何不超过 100 毫升的液体危害性极小，即使所带的液体加起来很多，只要不用大容积的容器将它们混合，也可视其为安全的。所以，这解释了为什么超过 100 毫升的空瓶子不允许被带上飞机。

从成本方面考虑，安检人员不可能在短时间内判断出旅客携带的液体会不会混合形成可爆炸性液体。即使安检人员都是化学天才，也不能百分之百准确地对所有液体作出判断，而且逐一进行检查和分析判断是非常耗时的。所以，对容器容积进行安全限制，可提高安检人员检查旅客随身物品的效率，不但节约了旅客和工作人员的时间，也节省了工作人员的脑力和体力。

第12课　人身检查

第12课 音频

第12课 视频

学习目标

- ◎ 知识目标　掌握安检人身检查中常用的日语词汇和实用句型
- ◎ 能力目标　具备安检人身检查情景中用日语与旅客进行交流的能力
- ◎ 素质目标　领会并掌握安检人身检查的流程和礼仪规范
- ◎ 思政目标　培养学生逐步养成服务周到、爱岗敬业的服务态度

对话

係員: tsugino kata do-zo。
次の方どうぞ。

係員: sumimasenga, jaketto o nuide kudasai。beruto mo hazushite kudasai。
すみません、ジャケットを脱いでください。ベルトも外してください。
乗客: hai。
はい。
係員: poketto ni nanika haitte imasuka。
ポケットに何か入っていますか。
乗客: hai, kagi to ka-do desu。
はい、鍵とカードです。
係員: tore- ni irete, mo-ichido kite kudasai。
トレーに入れて、もう一度来てください。
乗客: kawarimashita。
わかりました。
係員: hai, owarimashita。gokyo-ryoku arigato-gozaimashita。
はい、終わりました。ご協力ありがとうございました。

単词

日文发音	日语单词	中文释义
jaketto	ジャケット①	（名）夹克，外套
beruto	ベルト⓪	（名）腰带
nanika	何か（なにか）①	什么东西
kagi	鍵（かぎ）⓪	（代）钥匙
ka-do	カード①	（名）卡片
tore-	トレー②	（名）托盘，筐
mo-ichido	もう一度（もういちど）⓪	（副）再一次
bu-tsu	ブーツ①	（名）靴子

语法与句型解说

1. tsugino kata do-zo。
   次の方どうぞ。
   【下一位旅客请上前（接受检查）。】

   解说 1

   ➢ 详见第 10 课解说 1。

2. sumimasenga, jaketto o nuide kudasai。beruto mo hazushite kudasai。
   すみませんが、ジャケットを脱いでください。ベルトも外してください。
   【抱歉，请您脱下外套。腰带也请解下来。】

   解说 2

   ➢ sumimasenga 详见第 11 课解说 6。
   ➢ 句型「…o nuide kudasai」表示"请把……脱下来"，用于衣服、裤子、鞋等。nuide 是动词 nugu（脱下）的变形。o 前面是脱下的宾语。
   ➢ 句型「…o hazushite kudasai」表示"请把……摘下来"，用于项链、腰带等。hazushite 是动词 hazusu（解下）的变形。这句话里 mo 替换了 o，表示"也"。

   例句

   ◆ bu-tsu o nuide kudasai。/ブーツを脱いでください。【请把靴子脱下来。】

3. poketto ni nanika haitte imasuka。
   ポケットに何か入っていますか。
   【口袋里有什么东西吗？】

   解说 3

   ➢ ni 是表示地点的助词，poketto ni 表示"在口袋里"。
   ➢ nanika 表示不确定，"有什么吗？"。
   ➢ haitte masu 是动词「hairu」（装有）的变形。句尾的 ka 是疑问句语气词。

4. tore- ni irete, mo-ichido kite kudasai。
   トレーに入れて、もう一度来てください。
   【请放在托盘里，重新过来一次。】

   解说 4

   ➢ 「…ni irete」表示"放在某处"。「tore- ni irete」表示"放在托盘里"。
   ➢ mo-ichido 是"再一次"的意思。
   ➢ 「kite kudasai」表示"请过来"。其中 te kudasai 是请求、命令的句型。ki 是

kuru（来）的变形。

5. hai, owarimashita。gokyo-ryoku arigato-gozaimashita。
   はい、終わりました。ご協力ありがとうございました。
   【好了，检查完毕。感谢您的配合。】

   解说 5

   ➢ 详见第 10 课，解说 5。

发音要点

1. tsugino kata　do-zo。
   下一位旅客请上前接受检查。

2. sumimasenga　jaketto o nuide kudasai。
   抱歉，请您脱下外套。

3. beruto mo hazushite kudasai。
   腰带也请解下来。

4. poketto ni nanika / haitte imasuka?
   口袋里有什么东西吗？

5. tore- ni irete mo-ichido kite kudasai。
   请放在托盘里，重新过来一次。

6. hai, owarimashita。go kyo-ryoku arigato-gozaimashita。
   好了，检查完毕。感谢您的配合。

航空服务日语教程

练习

一、请说出下列单词的汉语意思

jaketto（ジャケット）　　beruto（ベルト）　　ka-do（カード）
tore-（トレー）　　　　　kagi（かぎ）　　　　bu-tsu（ブーツ）

二、请将下面的日语罗马字翻译成汉语

1. kagi to ka-do desu。

2. beruto mo hazushite kudasai。

3. gokyo-ryoku arigato-gozaimashita。

三、请将下面的汉语翻译成日语

1. 请放在托盘里，重新过来一次。

2. 抱歉，请您脱下外套。

3. 口袋里有什么东西吗？

四、请分组进行角色扮演，模拟人身检查流程，完成日语会话。请注意日语发音以及服务动作、表情、语气等

知识拓展

为什么过安检时电脑、相机、雨伞要提前取出？

在各机场的安检处都会设置提示牌提醒旅客，手提行李中的笔记本电脑、相机和雨伞要单独过检。那么，这样做到底有什么道理？

笔记本电脑内部结构复杂，较易改装，在通过X光机照射时图像比较复杂，而且有可能对X光机射线的成像造成干扰。如果有其他金属物品与笔记本电脑一起过检，会对安检人员造成干扰，容易错过对危险品的检查，有潜在危

险，因此民航规定笔记本电脑必须单独过检。当然，要求相机单独过检也是这个原因。

同样的，由于雨伞的骨架是金属的，将折叠并绑好的雨伞放到 X 光机内进行检查，呈现的图像是深颜色的线条，不法分子会利用图像的盲点藏匿火柴、刀具等违禁品。为了保障旅客的乘机安全，需要将雨伞取出来单独过检。

所以，为了不耽误大家出行，旅客在接受安全检查时可以事先取出笔记本电脑、相机和雨伞，笔记本电脑上不要插 U 盘、无线网卡等硬件设备，更不得将打火机等违禁品藏匿其中。如果旅客携带了电池可以拆卸的笔记本电脑，最好将电池与电脑分开，并用绝缘材料将电池包裹好。

第三部分

客舱服务

第13课　引导座位、安放行李

第13课 音频　　第13课 视频

🔍 学习目标

◎知识目标　掌握引导座位和安放行李服务中常用的日语词汇和实用句型
◎能力目标　具备引导座位和安放行李服务情景中用日语与旅客进行交流的能力
◎素质目标　领会并掌握引导座位和安放行李服务的流程和礼仪规范
◎思政目标　培养学生养成爱岗敬业、细心周到的服务意识

对话

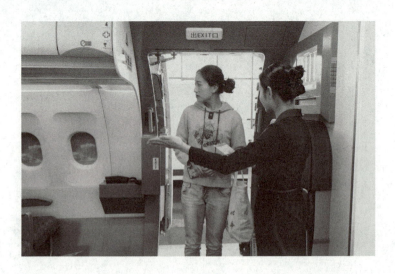

乗務員：irasshaimase。go to-jo-ken o haiken shitemo yoroshi- desho-ka。
　　　　いらっしゃいませ。ご搭乗券を拝見してもよろしいでしょうか。

乗　客：hai。
　　　　はい。
乗務員：ozaseki wa 19B de gozaimasu。madogawa ni gozaimasu。kochira e do-zo。
　　　　お座席は19Bでございます。窓側にございます。こちらへどうぞ。

（看见行动不便的乘客带行李上飞机。）
乗務員：omochi itashi masho-ka。
　　　　お持ちいたしましょうか。
乗　客：hai,onegaishimasu。
　　　　はい、お願いします。

（巡视客舱发现过道上有个行李。）
乗務員：sumimasenga, kochira wa donatasama no onimotsu desuka。
　　　　すみませんが、こちらはどなたさまのお荷物ですか。
乗　客：watashi no desu。
　　　　私のです。
乗務員：sumimasenga, onimotsu wa ue no tana ni oite kudasai。
　　　　すみませんが、お荷物は上の棚においてください。

单词

日文发音	日语单词	中文释义
irasshaimase	いらっしゃいませ⑥	欢迎乘机
to-jo-ken	搭乗券（とうじょうけん）③	（名）登机牌
zaseki	座席（ざせき）⓪	（名）座位
madogawa	窓側（まどがわ）⓪	（名）窗边
kochira	こちら⓪	（代）这边
nimotsu	荷物（にもつ）①	（名）行李
ue	上（うえ）⓪	（名）上面
tana	棚（たな）⓪	（名）行李架
shita	下（した）⓪	（名）下面

语法与句型解说

1. irasshaimase。go to-jo-ken o haiken shitemo yoroshi- desho-ka。
   いらっしゃいませ。ご搭乗券を拝見してもよろしいでしょうか。
   【欢迎乘机。能看一下您的登机牌吗？】

   > 解说 1
   - ➤ irasshaimase 是登机问候语，意思是"欢迎乘机"。
   - ➤ go 表示对对方的尊敬，goto-jo-ken 表示"您的登机牌"。
   - ➤ o 是宾格助词，提示前面是动词"看"的宾语。
   - ➤ 句型「shitemo yoroshi- desho-ka」表示"我可以（做）……吗？"，是征求对方同意的用法。这里 haiken 是 miru（看）的礼貌说法。

2. ozaseki wa 19B de gozaimasu。
   お座席は19Bでございます。
   【您的座位是19B。】

   > 解说 2
   - ➤ 句型「名词1 wa 名词2 de gozaimasu。」是判断句句型的礼貌用法，表示"名词1是名词2"。
   - ➤ 这句话中名词1是「ozaseki」即"您的座位"。名词2是「19B」。因此意为"您的座位是19B"。

   > 例句
   - ◆ kochira wa ozaseki degozaimasu。/こちらはお座席でございます。【这里是您的座位。】

3. madogawa ni gozaimasu。
   窓側にございます。
   【（您的座位）在窗边。】

   > 解说 3
   - ➤ 句型「ni gozaimasu」表示"在某处"。
   - ➤ 这里指前面提到的"您的座位"在窗边。
   - ➤ 几种常见的座位位置说法参照第8课解说3。

4. kochira e do-zo。
   こちらへどうぞ。
   【请往这边来。】

> 解说 4

> ➤ 助词 e 表示移动的方向。「kochira e」表示"往这边"。
> ➤ do-zo 表示"请，有请"的意思。
> ➤ 这句话也可以反过来说成「do-zo kochira e」。

5. omochi itashi masho-ka。
   お持ちいたしましょうか。
   【我帮您拿行李吧。】

> 解说 5

> ➤ 句型「o+動詞+itashimasho-ka」表示"我为您做……吧"，是一种礼貌用语。这里的 mochi 是动词 motsu（拿）的变形。

> 例句

◆ o sage itashi masho-ka。/おさげいたしましょうか。【我帮您撤下（餐盘）吧。】

6. sumimasenga, kochira wa donatasama no onimotsu desuka。
   すみませんが、こちらはどなたさまのお荷物ですか。
   【打扰了，请问这件是哪位旅客的行李？】

> 解说 6

> ➤ sumimasen 是道歉的意思，这里意为"打扰了"。ga 表示这句话还没说完，还有下文。
> ➤ 句型参照第 11 课解说 3。句型「名词1 wa 名词2 desuka。」是判断句句型的疑问句，表示"名词1是名词2吗？"。
> ➤ 名词1的位置是「kochira」（这个）。
> ➤ 名词2的位置是「donatasama no onimotsu」，即"哪位的行李"。

7. sumimasenga, onimotsu wa ue no tana ni oite kudasai。
   すみませんが、お荷物は上の棚においてください。
   【抱歉，请将您的行李放在上方的行李架上。】

> 解说 7

> ➤ sumimasenga 参照解说 6。
> ➤ 句型「名詞1 wa 场所 ni oite kudasai。」表示"请将名词1放在某处"。
> ➤ 助词 wa 的前面是句子的主语，本句中主语是 onimotsu，即"您的行李"。
> ➤ 助词 ni 的前面是场所，本句中是 ue no tana，即"上方的行李架"。

例句

◆ kaban wa zaseki no shita ni oite kudasai。/ かばんは座席の下に置いてください。【请把包放到座椅下方。】

发音要点

1. irasshai**ma**se。
   欢迎乘机。

2. go to-**jo**-ken o haiken shi**te**mo yoro**shi**- desho-ka。
   能看一下您的登机牌吗？

3. o**za**seki wa ju-kyu-**bi**- de gozaimasu。
   您的座位是19B。

4. madogawa ni gozaimasu。
   （您的座位）在窗边。

5. kochira e **do**-zo。
   请往这边来。

6. omochi itashi masho-ka。
   我帮您拿行李吧。

7. sumimasenga, kochira wa **do**natasama no o**ni**motsu desuka。
   打扰了，请问这件是哪位旅客的行李？

8. sumimasenga, onimotsu wa ue no tana ni oite kudasai。
抱歉，请将您的行李放在上方的行李架上。

练习

一、请说出下列单词的汉语意思

irasshaimase（いらっしゃいませ）　　zaseki（ざせき）　　madogawa（まどがわ）
ue（うえ）　　　　　　　　　　　　　tana（たな）　　　　shita（した）

二、请将下面的日语罗马字翻译成汉语

1. madogawa ni gozaimasu。

2. omochi itashi masho-ka。

3. sumimasenga, kochira wa donatasama no onimotsu desuka。

三、请将下面的汉语翻译成日语

1. 您的座位是21A。

2. 能看一下您的登机牌吗？

3. 抱歉，请将您的行李放在上方的行李架上。

四、请分组进行角色扮演，模拟登机、引导座位和安放行李的服务流程，完成日语会话。请注意日语发音以及服务动作、表情、语气等

知识拓展

为什么不允许飞机上的乘客随意调换座位?

在我们搭乘飞机的时候,座位可能是我们最关心的问题之一。奇怪的是,在我们选择位置的时候,有一些座位显示不可选择;在登机之后,很多座位并没有人坐,但是空乘人员还是不允许乘客随意在机舱内调换座位。这是为什么呢?

原因是随意调换座位可能会影响飞机的配载平衡。

航班起飞前,地面配载部门会根据乘客人数和货物重量,计算出飞机的平衡参数,将乘客按座位号合理分布在客舱内,飞行人员则根据相关平衡参数来操控飞机。

平衡参数中一个重要的指标就是重心。飞机安全平稳飞行,对重心的位置有严格的要求。而乘客调换座位或来回走动,都会影响飞机重心。

粗略来说,飞机越小、越轻,乘客移动对飞机重心造成的影响越大。因此出于安全考虑,在飞机上需要听从乘务人员指挥,不要随意调换座位。

第三部分　客舱服务

第14课　起飞前的检查

第14课 音频

第14课 视频

学习目标

◎知识目标　掌握起飞前的检查中常用的日语词汇和实用句型
◎能力目标　具备起飞前的检查情景中用日语与乘客进行交流的能力
◎素质目标　领会并掌握起飞前的检查的流程和礼仪规范
◎思政目标　培养学生尽职尽责、服务周到的服务态度

 对话

（发现有乘客没有系好安全带。）

乘務員：shi-toberuto o oshime kudasai。
　　　　シートベルトをお締めください。

乗　客：hai。
　　　　はい。

（发现有乘客没有调直靠背和收回小桌板。）

乗務員：te-buru to semotare o omodoshi kudasai。
　　　　テーブルと背もたれをお戻しください。

乗　客：hai。
　　　　はい。

（发现有乘客没有打开遮光板。）

乗務員：hiyoke o oake kudasai。
　　　　日よけをお開けください。

乗　客：hai。
　　　　はい。

（发现有乘客正在使用电子设备。）

乗務員：tadaima,denshikiki wa goshiyo- ni naremasen。
　　　　ただいま、電子機器はご使用になれません。

乗　客：hai。
　　　　はい。

单词

日文发音	日语单词	中文释义
shi-toberuto	シートベルト④	（名）安全带
shime	締め（しめ）②	（动ます）系上
te-buru	テーブル⓪	（名）小桌板，桌子
semotare	背もたれ（せもたれ）②	（名）座椅靠背
modoshi	戻し（もどし）⓪	（动ます）收回，调直
hiyoke	日よけ（ひよけ）⓪	（名）遮光板

日文发音	日语单词	中文释义
ake	開け（あけ）②	（动ます）打开
tadaima	ただいま②	（副）现在
denshikiki	電子機器（でんしきき）④	（名）电子产品
shiyo-	使用（しよう）⓪	（动ます）使用
modori	戻り（もどり）⓪	（动ます）返回

 语法与句型解说

1. shi-toberuto o oshime kudasai。
   シートベルトをお締めください。
   【请您系好安全带。】

   解说 1
   - 助词 o 表示宾语，这句话中「shi-toberuto o」是后边动词"系上"的宾语。
   - 句型「o…kudasai」是请求和命令的礼貌说法，意思是"请您（做）……"。其中 shime 是动词「shimeru」（系上）的变形。「oshime kudasai」的意思是"请系上"。

   例句
   ◆ ozaseki ni omodori kudasai。/お座席にお戻りください。【请您回到座位。】

2. te-buru to semotare o omodoshi kudasai。
   テーブルと背もたれをお戻しください。
   【请您收起小桌板，调直座椅靠背。】

   解说 2
   - 助词 to 表示并列，"和"。助词 o 表示宾语，「te-buru to semotare o」是句子的宾语部分，是动词调直、收回的宾语。日语中调直座椅和收起小桌板用到的动词是同一个，即 modosu。
   - 句型「o…kudasai」同解说 1，modoshi 是动词 domosu（调直、收回）的变形。「o modoshi kudasai」意思是"请收回；请调直"。

3. hiyoke o oake kudasai。
   日よけをお開けください。
   【请您打开遮光板。】

解说 3

- 助词 o 表示宾语，这句话中「hiyoke o」是后边动词"打开"的宾语。
- 句型「o…kudasai」同解说 1。ake 是动词「akeru」（打开）的变形。「oake kudasai」的意思是"请打开"。

4. tadaima, denshikiki wa goshiyo- ni naremasen。
   ただいま、電子機器はご使用になれません。
   【现在，您不能使用电子设备。】

解说 4

- wa 是助词，提示主题。「dennshikiki wa」部分是句子的主题。
- 句型「go…ni naremasen。」表示"禁止做某事。"，是一种比较尊敬的表达。shiyo- 是动词「shiyo- suru」（使用）的变形。「goshiyo- ni naremasen」的意思是"您不能使用"。

 发音要点

1. shi-to**be**ruto o oshime kuda**sa**i。
   请您系好安全带。

2. te-buru to se**mo**tare o omodoshi kuda**sa**i。
   请您收起小桌板，调直座椅靠背。

3. hiyoke o oake kuda**sa**i。
   请您打开遮光板。

4. ta**da**ima, denshi**ki**ki wa goshiyo- ni narema**se**n。
   现在，您不能使用电子设备。

练习

一、请说出下列单词的汉语意思

shi-toberuto（シートベルト）　　te-buru（テーブル）　　semotare（せもたれ）

hiyoke（ひよけ）　　　　　　　　tadaima（ただいま）　　denshikiki（でんしきき）

二、请将下面的日语罗马字翻译成汉语

1. shi-toberuto o oshime kudasai。

2. tadaima, denshikiki wa goshiyo- ni naremasen。

3. te-buru to semotare o omodoshi kudasai。

三、请将下面的汉语翻译成日语

1. 请您系好安全带。

2. 请您打开遮光板。

3. 请您收起小桌板，调直座椅靠背。

四、请分组进行角色扮演，模拟起飞前检查的服务流程，完成日语会话。请注意日语发音以及服务动作、表情、语气等

知识拓展

飞机安全确认小知识

升降前为什么要打开遮光板？

　　首先，是基于安全考虑，机组人员需要通过窗户观察外部环境，以便安全着陆；其次，为了提供辅助采光，让乘客可以适应机舱外的光线变化，在发生事故时能迅速逃生。飞机升降时与地面距离比较近，产生危险的概率较大。拉

起遮光板能更熟悉飞行姿态和降落环境，生还者可先看到外面的状况，救援人员也可以从外面看到乘客情况，从而采取合适的救援方式。收起小桌板和调直座椅靠背，主要是为了让应急通道保持畅通，以便于紧急情况下疏散人群。

　　飞机的窗户上有个小孔是怎么回事？

　　飞机窗玻璃是双层的，平时我们只能接触到里面那一层，而外部的一层玻璃要抵抗极大的气压，窗户上的小孔是用来平衡机舱和外面气压的。而当两层玻璃承受不同压力和温度的时候，会产生水汽，这时小孔会发挥让飞机呼吸的功能，防止玻璃起雾，这样我们才能看到窗外的美景。

第15课　餐饮服务

第15课 音频

第15课 视频

学习目标

◎知识目标　掌握餐饮服务中常用的日语词汇和实用句型
◎能力目标　具备餐饮服务情景中用日语与乘客进行交流的能力
◎素质目标　领会并掌握餐饮服务的流程和礼仪规范
◎思政目标　培养学生逐步养成爱岗敬业、细致周到的服务品质

对话

（乘务人员正在给乘客发放餐食。）

乗務員：sumimasenga,gochu-shoku wa nani ni nasaimasuka。
　　　　すみませんが、ご昼食は何になさいますか。

乗　客：naniga arimasuka。
　　　　何がありますか。
乗務員：chu-ka to nihonshiki no te-shoku ga gozaimasu。nani ga yoroshi-desho-ka。
　　　　中華と日本式の定食がございます。何がよろしいでしょうか。
乗　客：nihonshiki no te-shoku o kudasai。
　　　　日本式の定食をください。
乗務員：hai,kashikomarimashita。do-zo goyukkuri omeshiagari kudasai。
　　　　はい、かしこまりました。どうぞごゆっくりお召し上がりください。
乗　客：do-mo arigato-。
　　　　どうもありがとう。

（乗务人员正在给乘客发放饮料。）

乗務員：tadaima kara,onomimono no sa-bisu o itashimasu。ozaseki no se o omodoshi ni nari,te-buru o goyo-i kudasai。
　　　　ただいまから、お飲み物のサービスをいたします。お座席の背をお戻しになり、テーブルをご用意ください。
　　　　sumimasen ga,nomimono wa nani ni nasaimasuka。
　　　　すみませんが、飲み物は何になさいますか。
乗　客：nani ga arimasuka。
　　　　何がありますか。
乗務員：ko-ra,supuraito,mineraruwo-ta-,orenjijyu-su,ko-hi- nadoga gozaimasu。
　　　　コーラ、スプライト、ミネラルウオーター、オレンジジュース、コーヒーなどがございます。

乗　客：orenjijyu-su o ippai　kudasai。
　　　　オレンジジュースを一杯ください。
乗務員：hai,kashikomarimashita。sho-sho-　omachi　kudasai。
　　　　はい、かしこまりました。少々お待ちください。

（乗务人员倒橙汁。）
乗務員：omatase　itashimashita.orenjijyu-su o do-zo。
　　　　お待たせいたしました。オレンジジュースをどうぞ。
乗　客：arigato-gozaimasu。
　　　　ありがとうございます。

单词

日文发音	日语单词	中文释义
chu-shoku	昼食（ちゅうしょく）⓪	（名）午餐
kyo-	今日（きょう）①	（名）今天
hiru	昼（ひる）②	（名）白天
nihonshiki	日本式（にほんしき）⓪	（名）日式
te-shoku	定食（ていしょく）⓪	（名）客饭，份饭
nomimono	飲み物（のみもの）③	（名）饮料
sa-bisu	サービス①	（名）服务
ko-ra	コーラ①	（名）可乐
supuraito	スプライト③	（名）雪碧
mineraruwo-ta-	ミネラルウオーター⑤	（名）矿泉水
orenjijyu-su	オレンジジュース⑤	（名）橙汁
ko-hi-	コーヒー③	（名）咖啡

语法与句型解说

1. gochu-shoku wa nani ni nasaimasuka。
　　ご昼食は何になさいますか。
　　【午餐您想吃点什么？】

解说1

> 「名詞＋nisuru」表示"决定……""选择……"。nasaru 是 suru 的敬语形式。在本句中是指乘务人员询问乘客，在中餐和日式份饭中选择哪一种。

例句

◆ nihonshiki no te-shoku nishimasu。日本式の定食にします。【我想吃日式定食。】

◆ watashi wa orenjijyu-su nishimasu。私はオレンジジュースにします。【我想喝橙汁。】

2. donnanomimono ninasaimasuka。
   どんな飲み物になさいますか。
   【您要什么饮料呢？】

解说2

> 「名詞＋ninasaimasu」是「名詞＋nishimasu」的礼貌表达。主要用于做决定或做某动作，特别是点餐、点饮料的场合。

例句

◆ okyakusama,dore ninasaimasuka。／お客様、どれになさいますか。【乘客您好，您想要哪一个呢？】

◆ okyakusama,ochu-shoku wa ninasaimasuka。／お客様、お昼食は何になさいますか。【乘客您好，您要什么餐食呢？】

3. orenjijyu-su o ippaikudasai。
   オレンジジュースを一杯ください。
   【请给我一杯橙汁。】

解说3

> 日语中使用量词的顺序和汉语不同，汉语中的"一杯"会放在"橙汁"前面，日语则使用"名词＋量词＋动词"的顺序。

例句

◆ sumimasen,ko-hi- o nihai kudasai。／すみません、コーヒーを二杯ください。【不好意思，请给我两杯咖啡。】

◆ sumimasen,ehon o gohon kudasai。／すみません、絵本を5本ください。【不好意思，请给我5本绘本。】

发音要点

1. go**chu**-shoku wa **na**ni ni nasai**ma**suka。
   午餐您想吃点什么？

2. **chu**-ka to nihonshiki no te-shoku ga gozaimasu。
   有中餐和日式的定食。

3. **na**ni ga yoro**shi**- desho-ka。
   你想要哪个呢？

4. **do**-zo goyuk**ku**ri omeshiagari kuda**sa**i。
   请您慢用。

5. **do**nna no**mi**mono ni nasai**ma**suka。
   您想喝点什么？

6. **sho**-sho- omachi kuda**sa**i。
   请您稍等。

7. omatase itashi**ma**shita。orenjijyu-su o do-zo。
   让您久等了。给您橙汁。

练习

一、请说出下列单词的汉语意思

chu-shoku（ちゅうしょく）　　kyo-（きょう）　　　nihonshiki（にほんしき）

te-shoku（ていしょく）　　　nomimono（のみもの）

二、请将下面的日语罗马字翻译成汉语

1. chu-ka to nihonshiki no te-shoku ga gozaimasu。

2. do-zo goyukkuri omeshiagarikudasai。

3. sumimasenga,donna nomimono ni nasaimasuka。

4. ko-ra,supuraito,mineraruwo-ta-,orenjijyu-su,ko-hi- nado gagozaimasu。

三、请将下面的汉语翻译成日语

1. 打扰一下，您想吃点什么？

2. 请您调直座椅靠背，打开小桌板。

3. 请给我一杯橙汁。

四、请分组进行角色扮演，模拟餐饮服务流程，完成日语会话。请注意日语发音以及服务动作、表情、语气等

 知识拓展

日本料理

日本料理即"和食"（わしょく），起源于日本列岛，并逐渐发展成为独具日本特色的菜肴。主食以米饭和面条为主，副食多为新鲜鱼虾等海产，常配以

日本酒。日本料理的主要特点是清淡，烹饪时应尽量保持材料本身的原味。在日本料理的制作上，要求材料新鲜，切割讲究，摆放艺术化，注重"色、香、味、器"四者的和谐统一。

日本料理的分类：

1. 本膳料理：是日本礼法制度下的产物。现在只出现在少数的正式场合，如婚丧喜庆、成年仪式及祭奠宴会上。

2. 怀石料理：是日本常见的高档菜品。怀石料理极其讲究精致，无论对餐具还是食物的摆放都要求很高，被一些人视为艺术品。

3. 会席料理：是以本膳料理和怀石料理为基础简化而成的。会席料理在专门做日本菜的饭馆里可以品尝到。

日本料理中的代表食物有寿司、刺身、日式拉面、天妇罗、关东煮、大阪烧等。

第16课　机内娱乐设施

第16课 音频

第16课 视频

学习目标

◎知识目标　掌握机内娱乐设施中常用的日语词汇和实用句型
◎能力目标　具备机内娱乐设施情景中用日语与乘客进行交流的能力
◎素质目标　领会并掌握机内娱乐设施的服务流程和礼仪规范
◎思政目标　培养学生逐步养成宾客至上、礼貌热情的服务品质

对话

（客舱的一位日籍乘客田中小姐想看电影。）

田　中：sumimasen, e-ga o mitain desuga…
　　　　すみません、映画を見たいんですが…
乘务员：hai, kashikomarimashita。hachichanneru ni chu-goku no e-ga o
　　　　otanoshimi dekimasu。

第三部分　客舱服务

　　　　　はい、かしこまりました。8チャンネルに中国の映画をお楽しみできます。
田　中：e-to, tsukaikata wa yoku wakarimasen。
　　　　　ええと、使い方はよくわかりません。
乗務員：sukuri-n wa zenpo- no zaseki ni gozaimasu。
　　　　　スクリーンは前方の座席にございます。
田　中：so-desuka。
　　　　　そうですか。
乗務員：kochira wa iyahon degozaimasu。kore o mimi ni kakete, kono puragu o soketto ni irete, oto ga okikoe ninarimasu。kono e-ga no serifu wa chu-gokugo desuga, nihongo no jimaku ga arimasukara, kitto owakari ninarimasu。
　　　　　こちらはイヤホンでございます。これを耳にかけて、このプラグをソケットに入れて、音がお聞こえになります。この映画のせりふは中国語ですが、日本語の字幕がありますから、きっとお分かりになります。
田　中：arigato-gozaimasu。
　　　　　ありがとうございます。

 单词

日文发音	日语単词	中文释义
e-ga	映画（えいが）①	（名）电影
channeru	チャンネル①	（名）频道
tanoshimu	楽しむ（たのしむ）③	（动）快乐、愉快、期盼

·87·

续表

日文发音	日语单词	中文释义
sukuri-n	スクリーン③	（名）银幕、荧光屏
zenpo-	前方（ぜんぽう）⓪	（名）前方、前面
iyahon	イヤホン③	（名）耳机
mimi	耳（みみ）⓪	（名）耳朵
puragu	プラグ①	（名）插头
soketto	ソケット②	（名）插口、插座
oto	音（おと）②	（名）音、声音
kikoeru	聞こえる（きこえる）③	（动）听得见、能听见
serifu	せりふ⓪	（名）台词
chu-gokugo	中国語（ちゅうごくご）⓪	（名）中国语、汉语
nihongo	日本語（にほんご）⓪	（名）日语
jimaku	字幕（じまく）⓪	（名）字幕
kitto	きっと⓪	（副）一定、必定

语法与句型解说

1. kashikomarimashita。

    かしこまりました。

    【知道了 / 明白了。】

    解说 1

    ➢ 「kashikomarimashita」可译为"知道了""明白了"。与日常用语「wakarimashita」的意思相同，但 kashikomarimashita 一般为从事服务性行业人员使用的语言，例如，商店的售货员、餐厅或咖啡厅的服务员等。

    例句

    ◆ sumimasen,jyu-su o kudasai。/ すみません、ジュースをください。【麻烦了，请给我果汁。】

    ◆ hai,kashikomarimashita。/ はい、かしこまりました。【知道了 / 明白了。】

2. otanoshimi dekimasu。

    お楽しみできます。

    【您可以欣赏。】

> 解说 2

> 日语中「o/go」＋动词 masu 形＋「dekimasu」既是一种礼貌态的表达方式，也是一种可能态的表达方式。

> 例句

- minasama, ima kara toire wa goriyo- dekimasu。／皆様、今からトイレはご利用できます。【各位旅客，现在开始可以使用卫生间了。】
- sumimasen, kore kara goto-jyo- dekimasu。／すみません、これからご搭乗できます。【各位旅客，现在开始可以登机了。】

3. okikoe ninarimasu
お聞こえになります
【您可以听到了。】

> 解说 3

> 「o…ninarimasu」是一种敬语表达形式，主要用于乘客的动作。使用时在「o」和「ninarimasu」之间，插入五段动词或一段动词的连用形，表示对对方的尊敬。

> 例句

- ozaseki no beruto o oshimeninarimasu。／お座席のベルトをお締めになります。【请把座位上的安全带系好了。】
- risan, okaeri ninarimashika。／李さん、お帰りになりますか。【小李，你要回去吗？】

发音要点

1. hachi**cha**nneru ni **chu**-goku no e-ga o otanoshimidekimasu。
8 频道能欣赏中国电影。

2. suku**ri**-n wa zenpo- no zaseki ni gozaimasu。
屏幕在前方的座椅上。

3. kochira wa iyahon degozaimasu。
这个是耳机。

练习

一、请说出下列单词的汉语意思

e-ga（えいが）　　　　zenpo-（ぜんぽう）　　　mimi（みみ）
kikoeru（きこえる）　　jimaku（じまく）　　　　channeru（チャンネル）
sukuri-n（スクリーン）　iyahon（イヤホン）　　　puragu（プラグ）

二、请将下面的日语罗马字翻译成汉语

1. hachichanneru ni chu-goku no e-ga o otanoshimi dekimasu。

2. sukuri-n wa zenpo- no zaseki nigozaimasu。

3. kore o mimi ni kakete,kono puragu o soketto ni irete,oto ga kikoe ninarimasu。

4. kono e-ga no serifu wa chu-gokugo desuga,nihongo no jimaku ga arimasukara, kittoowakari ninarimasu。

三、请将下面的汉语翻译成日语

1. 打扰一下，我想看电影。

2. 嗯……我不是很了解使用的方法。

四、请分组进行角色扮演，模拟机内娱乐设施的介绍流程，完成日语会话。请注意日语发音以及服务动作、表情、语气等

知识拓展

日本航空公司介绍

日本航空公司（日语：日本航空，英文：Japan Airlines），简称日航、JAL，是日本的国家航空公司，同时为寰宇一家成员之一。日本航空公司创建于1951年8月，开始以私有制公司的形式建立，1953年10月，日本航空公司合法地成为政府所有公司。1987年11月，日本政府将该公司售出，使日本航空公司再次成为个人私有的公司，政府持有34%的股份。

日本是一个航空客运业比较发达的国家，拥有大小航空公司数十家，竞争也十分激烈。各航空公司都重视服务，形成了一整套以乘客为中心的服务体系。日本航空公司是日本最大的航空公司，也是世界500强企业之一，目前为世界第三大航空公司。其企业宗旨是要成为具有综合能力的航空集团，将不同国籍、文化融为一体，以心连心，力臻世界繁荣和平。2002年10月2日，日本航空公司与日本佳速航空公司通过重组，设立了新日航集团，并于2004年4月1日起，在"JAL-日本航空"的统一品牌基础上，成立了Japan Airlines Domestic负责日本国内所有客运业务；Japan Airlines International则负责所有国际客运及货运业务。

第17课　免税品销售

第17课 音频　　第17课 视频

学习目标

- ◎知识目标　掌握免税品销售中常用的日语词汇和实用句型
- ◎能力目标　具备免税品销售情景中用日语与乘客进行交流的能力
- ◎素质目标　领会并掌握免税品销售的服务流程和礼仪规范
- ◎思政目标　培养学生尽职尽责、服务周到的服务态度

对话

（销售免税商品的时间到了，乘务人员进行客舱广播。）

乘務員：minasama, tadaima kara kinaimenze-hin hanbai o sasete itadakimasu. goriyo- kudasai。

皆様、ただいまから機内免税品販売をさせていただきます。ご利用ください。

（日籍乘客田中小姐按了铃。）

乗務員：kinai no menze-hin wa ikaga desho-ka。
　　　　機内の免税品はいかがでしょうか。

田　中：donna mono ga arimasuka。
　　　　どんなものがありますか。

乗務員：menze-hin wa ko-sui,shiruku oyobi tabako nado goyo-ishiteorimasu。
　　　　免税品は香水、シルク及びタバコなどご用意しております。

田　中：shiruku no suka-fu ga kaitai desuga。
　　　　シルクのスカーフが買いたいですが。

乗務員：kore wa sanpuru degozaimasu。
　　　　これはサンプルでございます。

田　中：ikura desuka。
　　　　いくらですか。

乗務員：nanasen en degozaimasu。
　　　　7000円でございます。

田　中：hai,kore ichiman en desu。
　　　　はい、これ一万円です。

乗務員：hai,ichiman en oazukarishimasu。genbutsu o tori ni ikimasu kara,sho-
　　　　sho-omachikudasai。
　　　　はい、一万円お預かりします。現物を取りに行きますから、少々お待ちく
　　　　ださい。

（乘务人员给乘客找零钱，并将丝绸围巾包好。）

乗務員：omataseitashimashita。kore wa sanzen en no otsuri to okaininatta
　　　　shiruku no suka-fu degozaimasu。do-mo arigato-gozaimasu。
　　　　お待たせいたしました。これは3000円のおつりとお買いになったシルクの
　　　　スカーフでございます。どうもありがとうございます。

田　中：iie。
　　　　いいえ。

航空服务日语教程

 单词

日文发音	日语单词	中文释义
menze-hin	免税品（めんぜいひん）⓪	（名）免税品
hanbai	販売（はんばい）⓪	（名）销售，售卖
ko-sui	香水（こうすい）⓪	（名）香水
shiruku	シルク①	（名）丝绸
tabako	タバコ⓪	（名）香烟
suka-fu	スカーフ②	（名）围巾
genbutsu	現物（げんぶつ）⓪	（名）现货，实物
en	円（えん）⓪	（名）日元
ikura	いくら①	（名）多少钱
azukaru	預かる（あずかる）③	（动）收取，收存
otsuri	おつり⓪	（名）零钱
nochihodo	後ほど（のちほど）⓪	（副）随后

语法与句型解说

1. donnamono ga arimasuka。
   どんなものがありますか。
   【有什么样的东西呢?】

   解说1
   ➤ 特殊疑问词「donna」是"什么样（怎么样）"的意思，后面直接修饰名词。

   例句
   ◆ donna e-ga ga arimasuka。／どんな映画がありますか。【有什么样的电影呢?】

2. nochihodogenbutsu o tori ni ikimasu。
   後ほど現物を取りに行きます
   【马上就去取实物。】

   解说2
   ➤ 名词＋o＋动词ます形＋ni ikimasu 属于目的句型，这里省略了"地点名词＋e"，表示"为了做……而去……"。

   例句
   ◆ ku-ko- e okyakusama o mukae ni ikimasu。／空港へお客様を迎えに行きます。【马上就去迎接旅客。】
   ◆ imasugu yasai o kai ni ikimasu.／今すぐ野菜を買いに行きます。【现在就去买菜。】

3. sho-sho-omachikudasai。
   少々お待ちください。
   【请您稍等。】

   解说3
   ➤「sho-sho-omachikudasai」是日语中的日常用语，是服务人员对顾客常用的礼貌语言。

   例句
   ◆ sho-sho-omachikudasai。gochu-shoku wa sugudekimasu。／少々お待ちください。ご昼食はすぐできます。【乘客，请您稍等。饭马上就做好了。】

4. omataseitashimashita。
   お待たせいたしました。
   【让您久等了。】

解说 4

> 「omataseitashimashita」为固定句型，在服务行业中经常使用，可以和「sho-sho-omachikudasai」相对应使用。

例句

◆ omataseitashimashita, jyu-su desu。/ お待たせいたしました、ジュースです。
【让您久等了，给您果汁。】

◆ omataseitashimashita, shinbun desu。/ お待たせいたしました、新聞です。
【让您久等了，给您报纸。】

发音要点

1. **ki**nai no menze-hin wa i**ka**ga desho-ka。
您需要机上的免税品吗？

2. menze-hin wa ko-sui, **shi**ruku oyobi tabako**na**do go**yo**-ishiteorimasu。
免税品我们准备了香水、丝绸、香烟等。

3. nochihodo genbutsu o **to**ri ni iki**ma**su kara, **sho**-sho- omachikudasa**i**。
稍后我去取现货，请您稍等。

4. **hai**, ichiman en oazukarishimasu。
好的，收您一万日元。

5. kore wa sanzen en no otsuri to okaini**na**tta **shi**ruku no su**ka**-fu degozai**ma**su。
这是三千日元的找零和您买的丝绸围巾。

练习

一、请说出下列单词的汉语意思

menze-hin（めんぜいひん）　　　　　hanbai（はんばい）

ko-sui（こうすい）　　　　　　　　　genbutsu（げんぶつ）

二、请写出下列平假名的汉字

nochihido（のちほど）_____　en（えん）_____　azukaru（あずかる）_____

三、请将下面的日语罗马字翻译成汉语

1. minasama, tadaimakara kinai menze-hinhanbai o saseteitadakimasu。

2. menze-hin wa ko-sui, shiruku oyobi tabako nado yo-ishiteorimasu。

3. genbutsu o torini ikimasukara, sho-sho-omachikudasai。

4. kore wa sanzen en no otsuri to okaininatta shiruku no suka-fu degozaimasu。do-mo arigato-gozaimasu。

四、请将下面的汉语翻译成日语

1. 都有什么样的东西？

2. 我想买丝绸围巾。

五、请分组进行角色扮演，模拟免税品销售的流程，完成日语会话。请注意日语发音以及服务动作、表情、语气等

知识拓展

全日空航空公司

全日空航空公司，又称全日本空输株式会社，简称全日空（ANA）。全日

空成立于 1952 年，是亚洲最大的航空公司之一。目前，全日空在乘客搭载量方面已成为第八大 IATA 航空公司，同时全日空保持着强大的国内市场，每天有 800 多个航班，占比接近日本国内旅游市场的 50%。

全日空以其专业的服务而闻名，致力于为商务乘客提供最好的飞行服务。全日空在 1996 年成为最早为头等舱乘客提供 180 度完全平放座位的航空公司之一。2002 年，全日空在 New Style CLUB ANA 中引入"舒适的睡眠者"座椅，这是为长途飞行的高级商务舱和高级经济舱乘客提供的全新座椅。全日空提出企业理念和目标，致力于将其在品质和服务方面再提高。2013 年，世界著名航空业界调查机构——英国 Skytrax 公司将全日空评选为 5 星级航空公司，这也是日本首家获得 5 星级认证的航空公司。

第三部分 客舱服务

第 18 课　紧急情况

第18课 音频

第18课 视频

学习目标

- ◎ 知识目标　掌握客舱紧急情况中常用的日语词汇和实用句型
- ◎ 能力目标　具备紧急情况中，如在照顾病人和紧急迫降两个情景中用日语与乘客进行交流的能力
- ◎ 素质目标　领会并掌握紧急情况的服务流程和礼仪规范
- ◎ 思政目标　培养学生养成敬畏生命、敬畏职责的品质

对话 1

（一位乘客脸色苍白。）

乘務員：okyakusama,do-shitan desuka。
　　　　お客様、どうしたんですか。

乗　客：kibun ga warui。
　　　　気分が悪い。
乗務員：okusuri wa omochi desuka。
　　　　お薬はお持ちですか。
乗　客：ie ni wasurechatta。
　　　　家に忘れちゃった。
乗務員：goshinpai nasaranaidekudasai。
　　　　ご心配なさらないでください。
乗　客：hai,onegaishimasu。
　　　　はい、お願いします。
乗務員：tadaima kinai ni kyu-byo- no kata ga irasshaimasu。oishasama ka kangofu no kata ga irasshaimashitara,jyo-muin made shikyu- oshirasekudasaimasuyo-gokyo-ryoku o onegaishimasu。
　　　　只今機内に急病の方がいらっしゃいます。お医者様か看護婦の方がいらっしゃいましたら、乗務員まで至急お知らせくださいますようご協力をお願いします。

对话2

（飞机遇到了突发情况，进行紧急迫降。）

乗務員：okyakusama,shi-toberuto o hazushite,hayaku hiko-ki o hanarete kudasai。
　　　　お客様、シートベルトを外して、早く飛行機を離れてください。
乗　客：watashi no kaban wa doko desuka。
　　　　私のかばんはどこですか。

乘務員：kaban wa toranaidekudasai。
　　　　かばんは取らないでください。
乗　客：kaban no naka ni okane ga arimasuyo。
　　　　かばんの中にお金がありますよ。
乗務員：hayakuanzen de jyuncho- ni hiko-ki o hanaretekudasai。
　　　　早く安全で順調に飛行機を離れてください。
乗　客：hai，wakarimashita。
　　　　はい、わかりました。

 单词

日文发音	日语单词	中文释义
kinkyu-jyo-tai	緊急状態（きんきゅうじょうたい）⑤	（名）紧急状态
kusuri	薬（くすり）⓪	（名）药
motsu	持つ（もつ）①	（动）拿，携带
isha	医者（いしゃ）⓪	（名）医生
tazuneru	尋ねる（たずねる）③	（动）找寻
kyu-byo-	急病（きゅうびょう）⓪	（名）急病
kata	方（かた）②	（名）对人的敬称，表示"位、先生"等
kangofu	看護婦（かんごふ）③	（名）护士
shikyu-	至急（しきゅう）⓪	（名）紧急，火速
shi-toberuto	シートベルト④	（名）（系于飞机座位上的）安全带
toru	取る（とる）①	（动）除去，取下
hayaku	早く（はやく）①	（副）快，迅速
hanareru	離れる（はなれる）③	（动）离开，分离
hiko-ki	飛行機（ひこうき）②	（名）飞机
kaban	かばん⓪	（名）包，皮包
jyuncho-	順調（じゅんちょう）⓪	（名）顺利，顺当

语法与句型解说

1. do-shitandesuka。
   どうしたんですか。
   【您怎么了？】

   解说1
   ➢ 在日常生活中，用于询问对方发生了什么事情。

   例句
   ◆ kyo- wa do-shitandesuka。／今日はどうしたんですか。【你今天怎么了？】
   ◆ risan wa do-shitandesuka。／李さんはどうしたんですか。【小李怎么了？】

2. ie ni wasurechatta。
   家に忘れちゃった。
   【忘记在家里了。】

   解说2
   ➢ 句中的wasurechata，是wasureteshimaimashita的口语形式，日语中动词te形+「shimaimashita」的句型可以表示懊恼和后悔的心情。

   例句
   ◆ watashi wa shukudai o ie ni wasureteshimaimashita。／私は宿題を家に忘れてしまいました。【我把作业忘记在家里了。】
   ◆ saifu o takushi- ni otoshiteshimaimashita。／財布をタクシーに落としてしまいました。【我把钱包忘记在出租车上了。】

3. kyu-byo- no kata ga irasshaimasu。
   急病の方がいらっしゃいます。
   【有一位急病患者。】

   解说3
   ➢ 句中的「kata」是「hito」的尊敬表达形式，因此如果乘客是日本人，最好不使用「日本人 (nihonjin)」而应该称呼「日本の方 (nihon no kata)」。

   例句
   ◆ konokata wa kyo-shi desu。／この方は教師です。【这位是教师。】
   ◆ kyu-byo- no kata wa jyo-muin no tokoro e kitekudasai。／急病の方は乗務員のところへ来てください。【急病患者请到乘务人员这里来。】

4. oishasama ka kangofu no kata ga irasshaimashitara…

お医者様か看護婦の方がいらっしゃいましたら…
【如果有医生或者护士……】

| 解说 4 |

➤ 在名词 A 和名词 B 之间加上「ka」表示 "A 或者 B" 的意思。

| 例句 |

- jyu-su ka ocha o kudasai。/ ジュースかお茶をください。【请给我果汁或者茶水。】
- chi-fu ka jyomuin ni shirasetemoi-desuyo。/ チーフか乗務員に知らせてもいいですよ。【通知乘务长或者乘务人员都是可以的。】

发音要点

1. okyakusama, **do**-shitan desuka。
   客人您怎么了？

2. okusuri wa omochi desuka。
   您带药了吗？

3. goshinpai nasa**ra**naidekudasai。
   请您不要担心。

4. shi-to**be**ruto o hazushite, **ha**yaku hi**ko**-ki o ha**na**rete kudasai。
   请您解开安全带，尽快离开飞机。

5. kaban wa to**ra**naidekudasai。
   请不要带包。

航空服务日语教程

练习

一、请说出下列单词的汉语意思
　　kinkyu-jyo-tai（きんきゅうじょうたい）　　　kusuri（くすり）
　　kangofu（かんごふ）　　hiko-ki（ひこうき）　　jyuncho-（じゅんちょう）

二、请写出下列平假名的汉字
　　tazuneru（たずねる）_____　motsu（もつ）_____　toru（とる）_____
　　hayaku（はやく）_____　hanareru（はなれる）_____

三、请将下面的日语罗马字翻译成汉语
　　1. okusuri wa omochi desuka。

　　2. tadaima kinai ni kyu-byo- no kata ga irasshaimasu。

　　3. okyakusama, shi-toberuto o hazushite, hayaku hiko-ki o hanaretekudasai。

　　4. hayaku anzen de jyuncho- ni hiko-ki o hanaretekudasai。

四、请将下面的汉语翻译成日语
　　1. 请不要担心。

　　2. 如果有医生或者护士，请您马上与客舱乘务人员取得联系。

五、请分组进行角色扮演，模拟紧急情况中照顾病人和紧急迫降的流程，完成日语会话。请注意日语发音以及服务动作、表情、语气等

知识拓展

关于飞行

　　飞行是人类有史以来就不断追求的一个夙愿，空中翱翔的鹰，扑翼飞行的

鸟，花间嬉戏的蝴蝶，甚至天上飘浮的白云，都足以引起人们对飞行的向往。古代有很多关于飞行的神话传说，它不仅丰富了古代人类社会的文化，也孕育了后代航空航天技术的萌芽，人类征服天空的历史正是从神话传说开始的。从中国的风筝、木鸟、竹蜻蜓到西方人用鸡毛做成双翼的飞行尝试，人类经历了无数的失败，从古代的飞行传说到人类第一次借助热气球升空，中间经历了几千年漫长的历程。

1903年12月17日，美国莱特兄弟的"飞行者"号飞机的飞行试验，翻开了人类飞行史崭新的一页，人类自此进入新的航空时代。

飞机货运飞行始于1910年11月7日。

首次飞机邮政飞行始于1911年2月22日。

首次飞机航班飞行始于1914年1月1日。

第19课　航班延误

第19课 音频

第19课 视频

学习目标

◎知识目标　掌握航班延误常用的日语词汇和实用句型
◎能力目标　具备航班延误情景中用日语与乘客进行交流的能力
◎素质目标　领会并掌握航班延误时安抚乘客的话术，理解乘客着急的心理
◎思政目标　培养学生养成换位思考、冷静处理问题的态度

对话

（按照往常时间，航班应该抵达目的地了，可飞机好像还未停稳，于是一位乘客询问乘务人员。）

田　中：sumimasen,itsu to-chaku shimasuka。juppun osoku narimashitane。
　　　　すみません、いつ到着しますか。10分遅くなりましたね。
乗務員：mo-shiwakegozaimasenga,mokutekichi niwa go-u ga aruso- degozaimasu。

申し訳ございませんが、目的地には豪雨があるそうでございます。

田　中: jya, chakuriku dekimashika。

じゃ、着陸できますか。

乗務員: to-chaku wa daijo-bu degozaimasu。osoraku sanjuppun okuremasu。

到着は大丈夫でございます。おそらく 30 分遅れます。

田　中: shimattane, maniaimasenyo。

しまったね、間に合いませんよ。

乗務員: gofuben, gome-waku o okakeshite mo-shiwake gozaimasen。

ご不便、ご迷惑をお掛けして申し訳ございません。

単词

日文发音	日语单词	中文释义
enchaku	延着（えんちゃく）⓪	（名）误点，晚点，迟到
to-chaku	到着（とうちゃく）⓪	（名）到达
osoi	遅い（おそい）⓪	（形）晚
mokutekichi	目的地（もくてきち）④	（名）目的地
go-u	豪雨（ごうう）⓪	（名）暴雨
so-da	そうだ①	（助动）据说，听说
chakuriku	着陸（ちゃくりく）⓪	（名）着陆，降落
osoraku	おそらく③	（副）恐怕，大概
okureru	遅れる（おくれる）⓪	（动）迟，耽误

日文发音	日语单词	中文释义
shimatta	しまった②	糟了，糟糕了
fuben	不便（ふべん）①	（动/形动）不方便
me-waku	迷惑（めいわく）①	（名/形动/动）麻烦，打扰
ichido-	一同（いちどう）③	（名）大家，全体成员
mo-shiwake	申し訳（もうしわけ）⓪	对不起，抱歉

语法与句型解说

1. jyuppunosokunarimashitane。
   10分遅くなりましたね。
   【已经推迟10分钟了。】

   解说1
   ➢ 形容词词干＋kunarimasu构成的句式表示变化的结果，相当于中文的"变成/变得……"。

   例句
   ◆ to-kyo- no tenki wa yokunarimashita。／東京の天気はよくなりました。【东京的天气变好了。】

2. shimattane。
   しまったね。
   【糟了。】

   解说2
   ➢ 「しまった」是日语中经常使用的口语，相当于"糟了"的意思。

   例句
   ◆ shimatta, saifu o takushi- ni wasuremashita。／しまった、財布をタクシーに忘れました。【糟了，钱包忘在出租车里了。】

3. maniaimasenyo。
   間に合いませんよ
   【赶不上时间了。】

   解说3
   ➢ 惯用词组「maniaimasu」表示"赶上时间/时间上来得及"的意思。

> 例句

◆ takushi- de iku to maniaimasuyo。/タクシーで行くと間に合いますよ。
【打车去的话，能赶上时间。】
◆ ima kara benkyo- shitemo maniaimasen。/今から勉強しても間に合いません。
【即使现在开始努力学习也来不及了。】

发音要点

1. osoraku sanjuppun okuremasu。
   大约会晚30分钟到达。

2. gofuben, gome-waku o okakeshite mo-shiwake gozaimasen。
   给您带来不便，向您表示深深的歉意。

练习

一、请说出下列单词的汉语意思

enchaku（えんちゃく）　　　　to-chaku（とうちゃく）
chakuriku（ちゃくりく）　　　mokutekichi（もくてきち）
me-waku（めいわく）

二、请写出下列平假名的汉字

okureru（おくれる）_____　go-u（ごうう）_____　fuben（ふべん）_____
ichido-（いちどう）_____　mo-shiwake（もうしわけ）_____

三、请将下面的日语罗马字翻译成汉语

1. sumimasen, itsu to-chaku shimasuka。

2. mokutekichi niwa go-u ga aruso-degozaimasu。

3. chakuriku dekimasuka。

4. shimattane,maniaimasenyo。

四、请将下面的汉语翻译成日语

1. 到达是没问题的，但是会晚 30 分钟到达。

2. 给您带来不便，向您表示深深的歉意。

五、请分组进行角色扮演，模拟航班延误的服务流程，完成日语会话。请注意日语发音以及服务动作、表情、语气等

知识拓展

飞机机体

飞机的组成部分包括飞机机体、动力装置和机载设备等。飞机机体是指构成飞机外部形状的部分和承受飞机的主要受力结构，分为机翼、机身、尾翼、起落架。

一、机翼

机翼的主要功用是产生升力，以支持飞机在空中飞行，同时也起到一定的稳定作用。在机翼上一般安装有副翼，操纵副翼可使飞机滚转，放下襟翼可使升力增大。机翼上还可安装发动机、起落架和油箱等。机翼分为四个部分：翼根、前缘、后缘和翼尖。

二、机身

机身是飞机的运载部分，绝大部分的机身是筒状的，两头小、中间大的纺锤体。通过增减机翼前后机身的分段可以使飞机满足用户的不同要求，给用户带来便利。

三、尾翼

尾翼由飞机尾部的水平尾翼和垂直尾翼组成，用以维持飞机的方向和水平

的稳定性与操纵性。尾翼结构和机翼结构相似，尾翼离飞机重心远，结构上应越轻越好，所以复合材料的使用比例比机翼大。大部分飞机的方向舵、升降舵都是由复合材料制成的。

四、起落架

起落架的主要功能是承受和吸收飞机着陆时由于垂直速度带来的撞击力，减少着陆接地时引起的过载，并减少滑行时因地面不平引起的振动；同时在飞机起飞滑跑、停放和滑行的过程中使飞机能够承受重力，操纵飞机在地面的行走、转向和制动。除了使用滑橇在雪地升降的飞机和使用浮筒的水上飞机外，飞机都使用轮式起落架。

第20课　着陆前

第20课 音频

第20课 视频

学习目标

◎ 知识目标　掌握着陆前分发入境卡片的日语词汇和实用句型
◎ 能力目标　具备着陆前分发入境卡片情景中用日语与乘客进行交流的能力
◎ 素质目标　领会并掌握着陆前分发入境卡片时指导乘客填写卡片的注意事项
◎ 思政目标　培养学生养成耐心讲解、将心比心的服务态度

对话

（发放入境卡的时间到了，乘务人员到客舱给乘客发放入境卡。）

乘務員：sumimasen,narita ku-ko- ni to-chaku surumae ni nyu-kokuka-do o gokinyu-kudasai。imin to keneki no tetsuzuki o surutoki,kono shorui ga hitsuyo- degozaimasu。

第三部分　客舱服务

　　　　すみません、成田空港に到着する前に入国カードをご記入ください。移民
　　　　と検疫の手続きをする時、この書類が必要でございます。
乗　客：wakarimashita。demo,kinyuho-ho- wa wakarimasen。
　　　　分かりました。でも、記入方法は分かりません。
乗務員：goshinpai　nasaranaide　kudasai。kochira niwa mihon ga　gozaimasu。
　　　　ご心配なさらないでください。こちらには見本がございます。
乗　客：sorewa yokatta　desune。
　　　　それはよかったですね。
乗務員：nanika　goshitsumon ga areba,jo-muin made omo-shide　kudasaimase。
　　　　何かご質問があれば、乗務員までお申し出くださいませ。
乗　客：arigato-
　　　　ありがとう。

 单词

日文发音	日语单词	中文释义
nyu-kokuka-do	入国カード（にゅうこくカード）⑤	（名）入境卡
kinyu-suru	記入する（きにゅうする）⓪	（动）填上，写上
imin	移民（いみん）⓪	（名）移民
keneki	検疫（けんえき）⓪	（名）检疫
tetsuzuki	手続き（てつづき）⓪	（名）手续
toki	時（とき）⓪	（名）时，时候
shorui	書類（しょるい）⓪	（名）文件
hitsuyo-	必要（ひつよう）⓪	（名/形动）必要，必须

续表

日文发音	日语单词	中文释义
demo	でも①	（接续）不过，可是
ho-ho-	方法（ほうほう）⓪	（名）方法
kochira	こちら⓪	（名）这里，这边，这方面
mihon	見本（みほん）⓪	（名）样本，例子
shitsumon	質問（しつもん）⓪	（名/动）质问，问题，疑问

语法与句型解说

1. nyu-kokuka-do o gokinyu-kudasai。

   入国カードをご記入ください。

   【请填写入境卡。】

   解说1

   ➤ 「go…kudasai」表示"请"，但比「…tekudasai」语气更为谦恭，「go」与「kudasai」之间接动词的连用形，若是 sa 变动词则要变化为「go + sa 变动词词干 + kudasai」。

   例句

   ◆ osuwarikudasai。お座りください。【请坐下。】

   ◆ gokyo-ryokukudasai。ご協力ください。【请配合我们。】

2. demo, kinyuho-ho- wa wakarimasen。

   でも、記入方法は分かりません。

   【但是，我不知道填写的方法。】

   解说2

   ➤ 接续词「demo」是日常用语中常用的接续词之一，相当于中文的"但是"，表示转折关系。

   例句

   ◆ suteki na suka-fu desu. demo, nedan ga takaidesu。/素敵なスカーフですね。でも、値段が高いです。【很漂亮的裙子，但是，它价格太高了。】

3. nanika goshitsumon ga areba。

   何かご質問があれば。

   【如果有什么问题的话。】

> 解说 3

➢ 日语的特殊疑问词，如「何（nan）」、「いつ（itsu）」、「だれ（dare）」的后面加上助词「ka」表示"某个/某些（物体、时间、人物）"等意思。

> 例句

◆ itsuka issho-ni shokuji shimasho-。いつか一緒に食事しましょう。【什么时候一起吃个饭吧。】
◆ dareka toire ni imasuka。/ だれかトイレにいますか。【谁在卫生间里吗？】

   发音要点

1. narita **ku**-ko- ni to-chaku suru **ma**e ni nyu-koku**ka**-do o gokinyu-kuda**sa**i.
   在到达成田机场前请填写入境卡。

2. **na**nika goshitsumon ga **a**reba, jo-**mu**in made omo-shide kudasai**ma**se。
   如果您有任何问题，请向客舱乘务人员提出。

   练习

一、请说出下列单词的汉语意思
   kinyu-（きにゅう）　　imin（いみん）　　　　keneki（けんえき）
   shorui（しょるい）　　hitsuyo-（ひつよう）

二、请写出下列平假名的汉字
   nyu-koku（にゅうこく）_____　tetsuzuki（てつづき）_____
   ho-ho-（ほうほう）_____　mihon（みほん）_____　shitsumon（しつもん）_____

三、请将下面的日语罗马字翻译成汉语
   1. suminasen,naritaku-ko- ni to-chakusurumae ni nyu-kokuka-do o gokinyu-kudasai。

2. imin to keneki no tetsuzuki o surutoki,kono shorui ga hitsuyo- degozaimasu。

3. go shinpai nasaranai dekudasai。

4. kochira niwa mihon gagozaimasu。

四、请将下面的汉语翻译成日语
1. 但是我不知道填写的方法。

2. 如果您有任何问题，请向客舱乘务人员提出。

五、请分组进行角色扮演，模拟着陆前分发入境卡片的服务流程，完成日语会话。请注意日语发音以及服务动作、表情、语气等

知识拓展

民用机场的发展历史

民用机场提供飞机升降、停靠、航线维护和组织乘客、货物有序登机等服务保障。民用机场的演变是跟随民用飞机的性能提升而逐步发展的，从世界范围来看，大致可以划分为三个重要发展阶段。

第一阶段：世界上第一个机场是1910年在德国出现的，当时的机场只是人为地划定一块草地，指定几个人负责管理飞机的升降，这也是现代大型机场的最基础功能。为了便于飞机的存放，还设有简易的帐篷，作为飞机落地后的停放场地。当时的飞机并没有成为一种运输方式进入交通领域，只不过用于航空飞行爱好者的冒险活动和军事飞行活动。所以，这一时期的机场只是为飞机和飞行员服务，不具备任何社会服务的功能。

第二阶段：随着第一次世界大战的结束，大批军用飞机得到改装从事民航运输，加之开辟了多条国家间和洲际航线，民航运输业第一次进入春天。为了满足开设航线的需要，在这一时期各国纷纷兴建机场。飞机对机场的设施也提出了更高的要求，机场在原有基础上建设了管制塔台来解决航空管制问题；采

用混凝土道面来解决道面加强问题;建设候机楼来解决登机组织问题。这奠定了现代大型民用机场的雏形,这一时期的机场主要为飞机服务。

第三阶段:随着第二次世界大战后全球经济的高速稳定发展,世界各国经济交往日益频繁,极大地促进了运输业的发展,民航运输逐渐成长为远距离运输的主要方式。随着大型民用喷气式飞机的出现,飞机变成大众交通工具。航空运输业也成为发达地区经济体系的重要组成部分之一。这一时期的机场已经成为整个城市不可分割的一部分,但同时要求机场的建设和管理要同整个城市的发展规划一致,做到和谐统一。

第 21 课　着陆

第21课 音频　　第21课 视频

学习目标

◎**知识目标**　掌握飞机着陆的常用日语词汇和实用句型
◎**能力目标**　具备飞机着陆情景中用日语与乘客进行交流的能力
◎**素质目标**　领会并掌握飞机着陆时为旅客讲解安全注意事项的能力
◎**思政目标**　培养学生养成服务周到、爱岗敬业的服务态度

 对话

（飞机已经抵达目的地机场，但仍未完全停稳。）

乘務員：sumimasen, hiko-ki ga kanzen ni tomaru made shi-toberuto o oshimekudasai。
　　　　すみません、飛行機が完全に止まるまでシートベルトをお締めください。
乗　客：demo, ima ku-ko- ni tsuiteirudesho-。nande orirukotoga dekinaindesuka。
　　　　でも、今空港に着いているでしょう。なんで降りることができないんですか。

第三部分　客舱服务

乗務員：anzen no tameni,hiko-ki ga kanzen ni tomaruno o omachi kudasai。
　　　　安全のために、飛行機が完全に止まるのをお待ちください。
乗　客：naruhodo。
　　　　なるほど。

（飞机已经停稳，所有乘客准备下飞机。）

乗務員：okyakusama,kochira wa anata no onimotsu desho-ka。tashikametekara oritekudasai。
　　　　お客様、こちらはあなたのお荷物でしょうか。確かめてから降りてください。
乗　客：arigato-gozaimasu。
　　　　ありがとうございます。
乗務員：do-itashimashite。kore wa watashitachi nitotte atarimae no kotodesu。
　　　　どういたしまして。これは私たちにとって当たり前のことです。
乗　客：a,nimotsu toieba,takuso-shita nimotsu wa do-shimasuka。
　　　　あっ、荷物といえば、託送した荷物はどうしますか。
乗務員：sumimasen,takuso-shita onimotsu wa ku-ko- no nimotsuukewatashibasho de ouketorikudasai。
　　　　すみません、託送したお荷物は空港の荷物受け渡し場所でお受け取りください。
乗　客：hai,wakarimashita。
　　　　はい、わかりました。

单词

日文发音	日语单词	中文释义
anzen	安全（あんぜん）⓪	（名）安全
tomaru	止まる（とまる）⓪	（动）停下，停止
naruhodo	なるほど⓪	（副）（用于肯定对方的意见）果然、的确
nimotsu	荷物（にもつ）⓪	（名）物品
ichio-	いちおう⓪	（名/副）一遍，一下
tashikameru	確かめる（たしかめる）④	（动）弄清，查明
do-itashimashite	どういたしまして	（词组）不用谢
atarimae	当たり前（あたりまえ）⓪	（名）当然，自然，应当
takuso-suru	託送する（たくそうする）⑤	（名/动）托运
ukewatashi	受け渡し（うけわたし）⓪	（名）交接，交货
basho	場所（ばしょ）⓪	（名）场所，地点
uketoru	受け取る（うけとる）⓪	（动）收，领

 语法与句型解说

1. anzen no tameni。
   安全のために。
   【为了安全。】

   解说1
   ➢「名词＋notameni」相当于中文"为了……"的意思，表示目的和动机。

   例句
   ◆ anzen no tameni,minasama wa beruto o shimetekudasaimasuyo-onegaishimasu。／安全のために、皆様はベルトを締めてくださいますようお願いします。【为了安全，请各位旅客系好安全带。】
   ◆ okyakusama no tameni,kicho-hin o temoto ni oitekudasaimase。／お客様のために、貴重品を手元に置いてくださいませ。【为了旅客着想，请将贵重物品

放在手边。】
2. kore wa watashitachi nitotte atarimae no kotodesu。
　　これは私たちにとって当たり前のことです。
　　【作为乘务人员，这是我们应该做的。】

> 解说2

➢ 句中的「名词＋nitotte」相当于中文"作为……"的意思。

> 例句

◆ gakuse- ni totte,benkyo- wa ichibanjyu-yo- na koto desu。
　学生にとって、勉強は一番重要なことです。
　【作为学生，学习是最重要的。】

3. nimotsu toieba,takuso-shita nimotsu wa do-shimasuka。
　　荷物といえば、託送した荷物はどうしますか。
　　【说起行李，托运的行李怎么办啊？】

> 解说3

➢ 句中的「名词＋toieba」相当于中文"提到/说起……"的意思。

> 例句

◆ pekin toieba,imo-to wa pekindaigaku ni kayotteimasune。／ペキンといえば、
　妹はペキン大学に通っていますね。【提到北京，我妹妹在北京大学上学。】

 发音要点

1. hiko-ki ga kanzen ni tomaru made　shi-toberuto o oshimekudasai。
　　在飞机完全停止前请系好安全带。

2. okyakusama, kochira wa anata no onimotsu desho-ka。
　　这位乘客，这个是您的行李吗？

练习

一、请说出下列单词的汉语意思

tomaru（止まる）　　　　　　　　　　naruhodo（なるほど）

do-itashimashite（どういたしまして）　　ukewatashi（受け渡し）

二、请写出下列平假名的汉字

anzen（あんぜん）_____　　kicho-hin（きちょうひん）_____

atarimae（あたりまえ）_____　　takuso-（たくそう）_____　　basho（ばしょ）_____

三、请将下面的日语罗马字翻译成汉语

1. sumimasen,hiko-ki wa anzen ni tomarumade anzenberuto o oshimekudasai。

2. nande orirukoto ga dekinaindesuka。

3. okyakusama,kochira wa anata no onimotsu desho-ka.tashimametekara oritekudasai。

4. kore wa watashitachi ni totte atarimae no kotodesu。

四、请将下面的汉语翻译成日语

1. 我们不是已经到达机场了吗？

2. 托运的行李请到机场行李提取处领取。

五、请分组进行角色扮演，模拟飞机着陆的服务流程，完成日语会话。请注意日语发音以及服务动作、表情、语气等

特殊乘客服务

特殊乘客是指在航空运输中需要给予特别礼遇和照顾的乘客，或由于其身

体健康和精神问题等需要空乘及地服人员给予特殊照料，或在一定条件下才能被航空公司接受的乘客。

　　为了明确不同特殊乘客的购票及运输操作，将特殊乘客分为如下几类：重要乘客、无成人陪伴儿童、疾病乘客、担架乘客、视觉障碍乘客、轮椅乘客、孕妇乘客、犯人等。由于各航空公司在不同机场的保障能力各不相同，因此在接受特殊乘客运输之前，必须事先取得相关航空公司的同意。在接受特殊乘客订座时，需要在乘客订座记录的备注项中注明给予照顾的内容。当然并不是接受特殊乘客购票就一定可以运输特殊乘客，根据办理登机手续时的具体情况，航空公司可以做出以下两个层次的处理：一是拒绝运输，二是有条件载运。

第22课　欢送乘客

第22课　音频

第22课　视频

🔍 学习目标

- ◎ **知识目标**　掌握欢送乘客的常用日语词汇和实用句型
- ◎ **能力目标**　具备欢送乘客情景中用日语与乘客进行交流的能力
- ◎ **素质目标**　领会并掌握欢送乘客的流程和礼仪规范
- ◎ **思政目标**　培养学生养成宾客至上、礼貌热情的服务态度

 对话

（飞机已经平稳地降落在目的地机场，机组人员开始送客。）

乘務員：okyakusama, ame ga futteimasu kara, tarappu o oriru toki, suberanai yo-ni gochu-i kudasaimase.
　　　　お客様、雨が降っていますから、タラップを降りる時、滑らないようにご

注意くださいませ。
乗　客：hai, iroiro osewani narimashite arigato-gozaimasu。
　　　　はい、いろいろお世話になりましてありがとうございます。
乗務員：do-itashimashite。mata pasupo-to, nyu-kokuka-do o otemoto ni goyo-ikudasaimase。
　　　　どういたしまして。またパスポート、入国カードをお手元にご用意くださいませ。
乗　客：un, chanto motteimasuyo。
　　　　うん、ちゃんと持っていますよ。
乗務員：goto-jyo- arigato-gozaimasu。mata omeni kakaremasuyo- oinori itashimasu。
　　　　ご搭乗ありがとうございました。またお目にかかれますようお祈りいたします。
乗　客：tanoshi- jikan o sugoshimashita. arigato-。
　　　　楽しい時間を過ごしました。ありかとう。
乗務員：nagai tabi, otsukaresamadeshita。dewamata。
　　　　長い旅、お疲れさまでした。ではまた。

 ## 单词

日文发音	日语单词	中文释义
tarappu	タラップ②	（名）旋梯，扶梯
suberu	滑る（すべる）②	（动）打滑
iroiro	いろいろ⓪	（形动）各种各样，许许多多
sewa	世話（せわ）①	（名/动）帮助，照顾
pasupo-to	パスポート③	（名）护照
chanto	ちゃんと⓪	（副）早就，已经
omenikakaru	お目にかかる（おめにかかる）	（词组）会见，会面
sugosu	過ごす（すごす）②	（动）度，过
otsukaresamadeshita	お疲れさまでした（おつかれさまでした）	您辛苦了
dewa, mata	では、また	再见

语法与句型解说

1. omeni kakaremasuyo-。
   お目にかかれますよう。
   【能够遇见/能够看见。】

   解说1
   ➢ 句中的「omenikakaremasu」是「au，会う」（见面）的礼貌表达方式，主要用于乘务人员遇见乘客的场合。

   例句
   ◆ mata omeni kakari taidesu。/ またお目にかかりたいです。【还想与您相遇。】

2. otsukaresamadeshita。
   お疲れさまでした。
   【您辛苦了。】

   解说2
   ➢ 主要用于晚辈或者下属要面对自己的长辈和上司的场合。如果是长辈或上司面对自己的晚辈和下属时，应该使用「gokuro-samadeshita」。

   例句
   ◆ kyo-mo otsukaresamadeshita。/ 今日もお疲れさまでした。【今天您也辛苦啦。】

3. dewa,mata。
   では、また。
   【再见。】

   解说3
   ➢ 日语中表示"再见"的短语有：sayo-nara,jyane,baibai。
   ➢ 「sayo-nara」主要用于长久或郑重场合的分别，比如恋人的分手等；「jyane」比较随意，多用于朋友之间分别；「baibai」给人比较时尚的感觉，所以多在年轻人之间告别时使用。

   例句
   ◆ mo-hachiji desukara,dewamata。/ もう八時ですから、ではまた。【已经八点了，再见。】

发音要点

1. mata pasu**po**-to, nyu-koku**ka**-do。otemoto ni go**yo**-i kudasaimase。
   另外请在手边准备好您的护照、入境卡。

2. goto-jo- a**ri**gato-gozaimasu。
   感谢您搭乘本航班。

3. na**ga**i tabi, otsukaresama**de**shita。
   长时间的旅程辛苦了。

练习

一、请说出下列单词的汉语意思

　　tarappu（タラップ）　　　pasupo-to（パスポート）

　　chanto（ちゃんと）　　　omenikakaru（お目にかかる）　　　dewamata（ではまた）

二、请写出下列平假名的汉字

　　suberu（すべる）＿＿＿＿　sewa（せわ）＿＿＿＿　sugosu（すごす）＿＿＿＿

三、请将下面的日语罗马字翻译成汉语

　1. ame ga futteimasukara, tarappu o orirutoki, suberanaiyo-ni gochu-ikudasai。

　2. iroiro osewani narimashite arigato-gozaimasu。

　3. tanoshi-jikan o sugoshimashita。

　4. otsukaresamadeshita。

四、请将下面的汉语翻译成日语

1. 另外请在手边准备好您的护照、入境卡。

2. 感谢您搭乘本航班，希望再次见到您。

五、请分组进行角色扮演，模拟欢送乘客的服务流程，完成日语会话。请注意日语发音以及服务动作、表情、语气等

知识拓展

乘务人员职业礼仪

乘务人员是一种非常特殊的职业，对从业者无论是生理素质、心理素质、体能素质、个人修养以及是否具备亲和力等各项因素都有着非常高的要求。要想成为一名合格的乘务人员，仅仅依靠靓丽的外表是远远不够的，除必须学习相关的业务知识和参加业务培训外，还必须学习职业礼仪。

乘务人员的职业礼仪是基于提升乘务人员的职业形象而要求的。职业礼仪可促进乘务人员熟练运用人际交往的技巧，展示沟通艺术，进而完善其综合素质。职业礼仪是乘务人员知识水平、个人修养、仪表风度的综合反映，是乘务人员对整个社会的法律、社会道德、行为规范遵守程度的外在体现。

乘务人员的职业形象包括内在的和外在的两个主要方面，内在的包括职业素质、服务技能和精神风貌，外在的包括仪容、仪表、姿态、气质、语言和肢体行为等。乘务人员要有树立、塑造良好职业形象的意识，拥有干净整洁的容颜、规范标准的着装、干练高效的风貌、亲切温馨的微笑和高贵优雅的气质，掌握一定的职业礼仪知识，更有助于完善和维护乘务人员的职业形象。

第四部分

附 录

附录一　课文翻译

第7课　机场问询

乘客：请问，NH913航班是在这个航站楼吗？
服务人员：不是，是在第二航站楼，从3号出口出去乘坐机场大巴，下一站就是。
乘客：明白了，谢谢。

乘客：ANA的值机柜台在哪里？
服务人员：是C到G柜台。
乘客：好的，明白了。还有我想把行李打包。
服务人员：打包处在邮局的旁边。请直走。
乘客：那是有偿的还是免费的？
服务人员：是免费的。
乘客：我知道了，谢谢。

第8课　登机手续

服务人员：您好，请出示您的护照。
乘客：好的，给你。
服务人员：我收下了。请问您对座位有要求吗？
乘客：我想要靠过道的位置。
服务人员：好的。您的座位是16C。登机口在24号，请您从这边走。
乘客：好的，谢谢。
服务人员：不客气，祝您旅途平安。

第9课　托运行李

服务人员：您好，请问有托运行李吗？
乘客：是的，有两个。

服务人员：里面有危险品吗？

乘客：有个充电宝……

服务人员：请将它取出来。

乘客：好的，明白了。

服务人员：里面有没有易碎品和贵重物品？

乘客：有，这个箱子里有一个玻璃瓶子。

服务人员：好的，那我给您贴上易碎品标签。

乘客：好的，那拜托了。

服务人员：您的行李会在大连交付给您。

第 10 课　证件检查

服务人员：有请下一位乘客。

田中：好的。

服务人员：请出示您的护照和登机牌。

田中：好的。

服务人员：请看这个摄像头。

田中：好。

服务人员：好的，结束了。感谢您的配合。

第 11 课　物品检查

服务人员：请把物品从口袋中取出来。

田中：好的。包里有电脑，也要拿出来吗？

服务人员：是的，电脑和雨伞等也请取出来。

田中：好的，我明白了。

服务人员：这个包是哪位乘客的？

田中：是我的。

服务人员：请问包里有塑料瓶吗？

田中：啊，是的。

服务人员：请把它取出来。

田中：好的。

服务人员：抱歉，这个瓶子您不能带进去，由我来处理掉。

田中：好的，知道了。

第 12 课　人身检查

服务人员：有请下一位乘客。

服务人员：抱歉，请脱掉外套，解下腰带。

乘客：好的。

服务人员：口袋里有什么吗？

乘客：是的，有钥匙和卡片。

服务人员：请放到筐里，重新再来一次。

乘客：好的。

服务人员：好的，结束了。感谢您的配合。

第 13 课　引导座位、安放行李

乘务员：欢迎登机，能看一下您的登机牌吗？

乘客：好的。

乘务员：您的座位号是 19B。在窗边，请走这边。

（看见行动不便的乘客带行李上飞机。）

乘务员：我来帮您拿吧。

乘客：好的，拜托了。

（巡视客舱发现过道上有个行李。）

乘务员：抱歉，这是哪位旅客的行李？

乘客：是我的。

乘务员：不好意思，请将行李放在行李架上。

第 14 课　起飞前的检查

（发现有乘客没有系好安全带。）

乘务员：请您系好安全带。

乘客：好的。

(发现有乘客没有调直靠背和收回小桌板。)

乘务员：请您收起小桌板，调直座椅靠背。

乘客：好。

(发现有乘客没有打开遮光板。)

乘务员：请您打开遮光板。

乘客：好。

(发现有乘客正在使用电子设备。)

乘务员：现在您不能使用电子设备。

乘客：好。

第 15 课　餐饮服务

(乘务员正在给乘客发放餐食。)

乘务员：打扰了，午餐您想吃点什么？

乘客：都有什么呢？

乘务员：有中餐和日式定食。您想要哪一个呢？

乘客：请给我日式定食。

乘务员：好的，明白了。请您慢用。

乘客：谢谢。

(乘务员正在给乘客发放饮料。)

乘务员广播：现在要进行饮料服务。请您调直座椅靠背，打开小桌板。

乘务员：打扰了，您想喝点什么？

乘客：都有什么呢？

乘务员：有可乐、雪碧、矿泉水、橙汁、咖啡等。

乘客：给我一杯橙汁。

乘务员：好的，明白了。请稍等。

(乘务员倒橙汁。)

乘务员：让您久等了。给您橙汁。

乘客：谢谢。

第 16 课　机内娱乐设施

（客舱的一位日籍乘客田中小姐想看电影。）

乘客：不好意思，我想看电影……

乘务员：好的，明白了。8 频道能欣赏中国电影。

乘客：嗯……我不是很了解使用的方法。

乘务员：屏幕在您前方的座椅上。

乘客：这样啊。

乘务员：这个是耳机。您把耳机戴在耳朵上，这个插头插在插口里，就可以听到声音了。这个电影的台词是中文，但是字幕是日语，您一定能理解。

乘客：谢谢。

第 17 课　免税品销售

（销售免税商品的时间到了，乘务员进行客舱广播。）

乘务员：现在，要进行机上免税品销售。请各位乘客购买。

（日籍乘客田中小姐按了铃。）

乘务员：您需要机上免税品吗？

乘客：都有什么样的东西？

乘务员：免税品我们准备了香水、丝绸、香烟等。

乘客：我想买丝绸围巾。

乘务员：这个是样品。

乘客：多少钱呢？

乘务员：七千日元。

乘客：好的，这是一万日元。

乘务员：好的，收您一万日元。我去取现货，请您稍等。

（乘务员给乘客找零钱，并将丝绸围巾包好。）

乘务员：让您久等了。这是三千日元的找零和您买的丝绸围巾。非常感谢。

乘客：不客气。

第 18 课　紧急情况

对话 1：

（一位乘客脸色苍白。）

乘务员：客人，您怎么了？

乘客：身体不舒服。

乘务员：您带药了吗？

乘客：忘记在家里了。

乘务员：请您不要担心。

乘客：好的，拜托了。

乘务员：现在，客舱里有一位急病患者，如果有医生或者护士，请您马上与客舱乘务员取得联系。

对话 2：

（飞机遇到了突发情况，进行紧急迫降。）

乘务员：客人，请您解开安全带，尽快离开飞机。

乘客：我的包在哪儿呢？

乘务员：请不要带包。

乘客：我的包里有钱。

乘务员：请快速、安全、顺利地离开飞机。

乘客：好的，明白了。

第 19 课　航班延误

（按照往常时间，航班应该抵达目的地了，可飞机好像还未停稳，于是一位乘客询问乘务员。）

乘客：打扰了，什么时候到达？已经推迟 10 分钟了。

乘务员：实在抱歉，目的地现在是暴雨。

乘客：那么，能着陆吗？

乘务员：到达是没问题的，但是大约要晚 30 分钟到达。

乘客：糟了，来不及了。

乘务员：给您带来不便，向您表示深深的歉意。

第 20 课　着陆前

（发放入境卡的时间到了，乘务员到客舱给乘客发放入境卡。）

乘务员：打扰了，到达成田机场前请填写入境卡。办理移民和检疫手续的时候这个文件是必要的。

乘客：好的，明白了。但是我不知道填写的方法。

乘务员：请不要担心。这个是样本。

乘客：那太好了。

乘务员：如果您有任何问题，请向客舱乘务员提出。

乘客：谢谢。

第 21 课　着陆

（飞机已经抵达目的地机场，但仍未完全停稳。）

乘务员：不好意思，在飞机完全停止前，请系好安全带。

乘客：但是，我们不是已经到达机场了吗，为什么还不能下飞机呢？

乘务员：为了安全，请等待飞机完全停止。

乘客：原来如此。

（飞机已经停稳，所有乘客准备下飞机。）

乘务员：这位旅客，这是您的行李吗？请您确认好之后再下飞机。

乘客：谢谢。

乘务员：不客气。作为乘务员，这是我们应该做的。

乘客：啊，说起行李，托运的行李怎么办啊？

乘务员：不好意思，托运的行李请到机场行李提取处领取。

乘客：好的，明白了。

第 22 课　欢送乘客

（飞机已经平稳地降落在目的地机场，机组人员开始送客。）

乘务员：乘客们，外面在下雨，下旋梯的时候，请注意不要滑倒。

乘客：好的，承蒙你们的照顾。

乘务员：不客气。另外请在手边准备好您的护照和入境卡。

乘客：嗯，我已经拿好了。

乘务员：感谢您搭乘本航班，希望再次见到您。

乘客：在飞机上度过了一段快乐的时光，谢谢。

乘务员：长时间的旅程您辛苦了。再见。

附录二 课后练习参考答案

第 7 课

练习一：

| 航站楼 | 出口 | 机场 |
| 巴士 | 办理登机 | 打包 |

练习二：

1. 请问，NH913 航班是在这个航站楼吗？
2. ANA 的值机柜台在哪里？
3. 那是有偿的还是免费的？

练习三：

1. 3 ban deguchi kara ku-ko- basu ni notte,tsugi no eki de gozaimasu。
   3 番出口から空港バスに乗って、次の駅でございます。
2. iie。ta-minaru 2 de gozaimasu。
   いいえ。ターミナル 2 でございます。
3. rappingu eria wa yu-binkyoku no tonari ni gozaimasu.massugu itte kudasai。
   ラッピングエリアは郵便局の隣にございます。真っ直ぐ行ってください。

练习四：略

第 8 课

练习一：

| 护照 | 座位 | 靠过道 |
| 登机口 | 这个，这边 | 要求 |

练习二：

1. 好的，给你。
2. 我想要靠过道的位置。

3. 好的。您的座位是16C。

练习三：

1. konnichiwa。pasupo-to o onegai itashimasu。
   こんにちは。パスポートをお願いいたします。

2. ozaseki ni gokibo- wa arimasuka。
   お座席にご希望はありますか。

3. to-jo-guchi wa 24ban degozaimasu。kochira kara osusumi kudasai。
   搭乗口は24番でございます。こちらからお進みください。

练习四：略

第9课

练习一：

| 托运行李 | 危险品 | 登机牌 |
| 行李箱 | 易碎品 |

练习二：

1. 是的，有两个。
2. 有个充电宝呢。
3. 这个箱子里有一个玻璃瓶子。

练习三：

1. konnichiwa。oazukenimotsu wa arimasuka。
   こんにちは。お預け荷物はありますか。

2. korera no kikenbutsu wa haitte imasenka。
   これらの危険物は入っていませんか。

3. sore o dashite kudasai。
   それを出してください。

练习四：略

第10课

练习一：

下一个　　摄像头　　配合

人　　　请出示　　　请看

练习二:

1. 有请下一位乘客。
2. 请出示您的护照和登机牌。
3. 感谢您的配合。

练习三:

1. kono kamera o mite kudasai。
   このカメラを見てください。
2. pasupo-to to go to-jo-ken o misete kudasai。
   パスポートとご搭乗券を見せてください。
3. hai,owarimasita。
   はい、終わりました。

练习四: 略

第 11 课

练习一:

电脑　　　口袋　　　　包
雨伞　　　哪位乘客　　塑料瓶

练习二:

1. 包里有电脑，也要拿出来吗？
2. 是我的。
3. 请把它取出来。

练习三:

1. poketto kara mono o dashite kudasai。
   ポケットから物を出してください。
2. kono kaban wa donata sama no desuka。
   このかばんはどなたさまのですか。
3. sumimasenga,ko no botoru wa mochikomemasen。
   すみませんが、このボトルは持ち込めません。

练习四: 略

第 12 课 人身检查

练习一:

外套　　　　腰带　　　卡片
托盘，筐　　钥匙　　　靴子

练习二:

1. 有钥匙和卡片。
2. 请也解下腰带。
3. 感谢您的配合。

练习三:

1. tore- ni irete, mo-ichido kite kudasai。
   トレーに入れて、もう一度来てください。
2. sumimasenga, jaketto o nuide kudasai。
   すみません、ジャケットを脱いでください。
3. poketto ni nanika haitte imasuka。
   ポケットに何か入っていますか。

练习四: 略

第 13 课 引导座位

练习一:

欢迎登机　　座位　　　窗边
上方　　　　行李架　　下方

练习二:

1. 在窗边。
2. 我来帮您拿吧。
3. 抱歉，这个是哪位乘客的行李?

练习三:

1. ozaseki wa 21A de gozaimasu。
   お座席は 21A でございます。
2. go to-jo-ken o haiken shitemo yoroshi- desho-ka。
   ご搭乗券を拝見してもよろしいでしょうか。
3. sumimasenga, onimotsu wa ue no tana ni oite kudasai。

すみませんが、お荷物は上の棚においてください。

练习四：略

第 14 课　起飞前的检查

练习一：

安全带　　小桌板　　座椅靠背
遮光板　　现在　　　电子设备

练习二：

1. 请您系好安全带。
2. 现在您不能使用电子设备。
3. 请您收起小桌板，调直座椅靠背。

练习三：

1. shi-toberuto o oshime kudasai。
   シートベルトをお締めください。
2. hiyoke o oake kudasai。
   日よけをお開けください。
3. te-buru to semotare o omodoshi kudasai。
   テーブルと背もたれをお戻しください。

练习四：略

第 15 课　餐饮服务

练习一：

午餐　　今天　　日式　　份饭　　饮料

练习二：

1. 有中餐和日式定食。
2. 请您慢用。
3. 打扰了，您想喝点什么？
4. 有可乐、雪碧、矿泉水、橙汁、咖啡等。

练习三：

1. sumimasenga,gochu-shoku wa nani ni nasaimasuka。

すみませんが、ご昼食は何になさいますか。

2. ozaseki no se o omodoshi ni nari,te-buru o goyo-i kudasai。
   お座席の背をお戻しになり、テーブルをご用意ください。

3. orenjijyu-su o ippai kudasai。
   オレンジジュースを一杯ください。

练习四：略

第 16 课　机内娱乐设施

练习一：

电影　　前方　　耳朵　　听得见
字幕　　频道　　银幕　　耳机　　插头

练习二：

1. 8 频道能欣赏中国电影。
2. 屏幕在您前方的座椅上。
3. 您把耳机戴在耳朵上，这个插头插在插口里，就可以听到声音了。
4. 这个电影的台词是中文，但是字幕是日语，您一定能理解。

练习三：

1. sumimasen,e-ga o mitain desuga…
   すみません、映画を見たいんですが…

2. e-to,tsukaikata wa yoku wakarimasen。
   ええと、使い方はよくわかりません。

练习四：略

第 17 课　免税品销售

练习一：

免税品　　销售　　香水　　现货

练习二：

後ほど　　円　　預かる

练习三：

1. 现在，要进行机上免税品销售。

2. 免税品我们准备了香水、丝绸、香烟等。
3. 我去取现货，请稍等。
4. 这是 3 000 日元的零钱，还有您买的丝绸围巾。

练习四：

1. donna mono ga arimasuka。
   どんなものがありますか。
2. shiruku no suka-fu ga kaitai desuga。
   シルクのスカーフが買いたいですが。

练习五：略

第 18 课　紧急情况

练习一：

紧急状态　　药　　护士　　飞机　　顺利

练习二：

尋ねる　　持つ　　取る
早く　　離れる

练习三：

1. 您带药了吗？
2. 现在，客舱里有一位急病患者。
3. 客人，请您解开安全带，尽快离开飞机。
4. 请快速、安全、顺利地离开飞机。

练习四：

1. goshinpai nasaranaidekudasai。
   ご心配なさらないでください。
2. oishasama ka kangofu no kata ga irasshaimashitara,jyo-muin made shikyu-oshirasekudasaimasuyo- gokyo-ryoku o onegaishimasu。
   お医者様か看護婦の方がいらっしゃいましたら、乗務員まで至急お知らせくださいますようご協力をお願いします。

练习五：略

第 19 课 航班延误

练习一：

误点　　到达　　着陆　　目的地　　麻烦

练习二：

遅れる　　豪雨　　不便　　一同　　申し訳

练习三：

1. 打扰了，什么时候到达？
2. 目的地现在是暴雨。
3. 能着陆吗？
4. 糟了，来不及了。

练习四：

1. to-chaku wa daijo-bu degozaimasu。osoraku sanjuppun okuremasu。
   到着は大丈夫でございます、おそらく30分遅れます。
2. gofuben,gome-waku o okakeshite mo-shiwake gozaimasen。
   ご不便、ご迷惑をお掛けして申し訳ございません。

练习五：略

第 20 课　着陆前

练习一：

填上　　移民　　检疫　　文件　　必要

练习二：

入国　　手続き　　方法　　見本　　質問

练习三：

1. 打扰了，到达成田机场前请填写入境卡。
2. 办理移民和检疫手续的时候这个文件是必要的。
3. 请不要担心。
4. 这个是样本。

练习四：

1. demo,kinyuho-ho- wa wakarimasen。
   でも、記入方法は分かりません。

2. nanika goshitsumon ga areba,jo-muin made omo-shide kudasaimase.
   何かご質問があれば、乗務員までお申し出くださいませ。

练习五：略

第 21 课　着陆

练习一：

停止　　原来如此　　不客气　　交接

练习二：

安全　　贵重品　　当たり前　　託送　　場所

练习三：

1. 不好意思，在飞机完全停止前，请系好安全带。
2. 为什么还不能下飞机呢？
3. 这位乘客，这是您的行李吗？
4. 作为乘务人员，这是我们应该做的。

练习四：

1. ima ku-ko- ni tsuiteirudesho-。
   今空港に着いているでしょう。
2. takuso-shita onimotsu wa ku-ko- no nimotsuukewatashibasho de ouketorikudasai。
   託送したお荷物は空港の荷物受け渡し場所でお受け取りください。

练习五：略

第 22 课　欢送旅客

练习一：

旋梯　　护照　　已经　　会见　　再见

练习二：

滑る　　世話　　過ごす

练习三：

1. 外面在下雨，下旋梯的时候，请注意不要滑倒。
2. 承蒙你们的照顾。

3. 在飞机上度过了一段快乐的时光。
4. 您辛苦了。

练习四：

1. mata pasupo-to,nyu-kokuka-do o otemoto ni goyo-ikudasaimase。
   またパスポート、入国カードをお手元にご用意くださいませ。
2. goto-jo- arigato-gozaimasu.mata omeni kakaremasuyo- oinori itashimasu。
   ご搭乗ありがとうございました。またお目にかかれますようお祈りいたします。

练习五：略

附录三 单词索引

あ

ake ②	開け（あけ）	（动）打开	第 14 课
atarimae ⓪	当たり前（あたりまえ）	（名）当然，自然，应当	第 21 课
arigato- gozaimasu	ありがとうございます	谢谢	第 8 课
azukaru ③	預かる（あずかる）	（动）收取，收存	第 17 课
azukenimotsu ④	預け荷物（あずけにもつ）	（名）托运行李	第 9 课
anzen ⓪	安全（あんぜん）	（名）安全	第 21 课

い

iie ③	いいえ	不	第 7 课
iku ⓪	行く（いく）	（动）走	第 7 课
ikura ①	いくら	（名）多少钱	第 17 课
isha ⓪	医者（いしゃ）	（名）医生	第 18 课
ichio- ⓪	いちおう	（名/副）一遍，一下	第 21 课
ichido- ③	一同（いちどう）	（名）大家，全体成员	第 19 课
imin ⓪	移民（いみん）	（名）移民	第 20 课
iyahon ③	イヤホン	（名）耳机	第 16 课
irasshaimase ⑥	いらっしゃいませ	欢迎乘机	第 13 课
iroiro ⓪	いろいろ	（形动）各种各样，许许多多	第 22 课

う

ue ⓪	上（うえ）	（名）上面	第 13 课
uketoru ⓪	受け取る（うけとる）	（动）收，领	第 21 课
ukewatashi ⓪	受け渡し（うけわたし）	（名）交接，交货	第 21 课

え

e-ga ①	映画（えいが）	（名）电影	第 16 课
eki ①	駅（えき）	（名）车站	第 7 课
ANA(e- enu e-)	ANA（えいえぬえい）	（名）全日空	第 7 课
en ⓪	円（えん）	（名）日元	第 17 课
enchaku ⓪	延着（えんちゃく）	（名）误点，晚点，迟到	第 19 课

お

okureru ⓪	遅れる（おくれる）	（动）迟，耽误	第 19 课
osoi ⓪	遅い（おそい）	（形）晚	第 19 课
osoraku ③	おそらく	（副）恐怕，大概	第 19 课
otsukaresamadeshita	お疲れさまでした（おつかれさまでした） 您辛苦了		第 22 课
otsur ⓪	おつり	（名）零钱	第 17 课
oto ②	音（おと）	（名）音，声音	第 16 课
omenikakaru	お目にかかる（おめにかかる）	会见，会面	第 22 课
orenjijyu-su ⑤	オレンジジュース	（名）橙汁	第 15 课
owarimashita ④	終わりました (おわりました)	（动）完成，结束	第 10 课

か

kaunta- ⓪	カウンター	（名）窗口	第 7 课
kasa	傘（かさ）	（名）雨伞	第 11 课
kata ②	方（かた）	（名）人（尊称）	第 10 课
kashikomarimashita	かしこまりました	我明白了（尊敬）	第 8 课
kamera ①	カメラ	（名）摄像头，相机	第 10 课
kagi ⓪	鍵（かぎ）	（代）钥匙	第 12 课
kaban ⓪	かばん	（名）包，皮包	第 11 课
kangofu ③	看護婦（かんごふ）	（名）护士	第 18 课
ka-do ①	カード	（名）卡片	第 12 课
garasu ⓪	ガラス	（名）玻璃	第 9 课

き

kikoeru ③	聞こえる（きこえる）	（动）听得见、能听见	第 16 课
kikenbutsu ②	危険物（きけんぶつ）	（名）危险品	第 9 课
kicho-hin ⓪	貴重品（きちょうひん）	（名）贵重物品	第 9 课
kibo- ⓪	希望（きぼう）	（名）要求；希望	第 8 课
kinyu-suru ⓪	記入する（きにゅうする）	（动）填上、写上	第 20 课
kinkyu-jyo-tai ⑤	緊急状態（きんきゅうじょうたい）	（名）紧急状态	第 18 课
kitto ⓪	きっと	（副）一定、必定	第 16 课
kyu-byo- ⓪	急病（きゅうびょう）	（名）急病	第 18 课
kyo- ①	今日（きょう）	（名）今天	第 15 课

く

kusuri ⓪	薬（くすり）	（名）药	第 18 课
ku-ko- ⓪	空港（くうこう）	（名）机场	第 7 课

け

keneki ⓪	検疫（けんえき）	（名）检疫	第 20 课
genbutsu ⓪	現物（げんぶつ）	（名）现货，实物	第 17 课

こ

kochira	こちら⓪	（名）这里、这边、这方面	第 7 课
ko-sui ⓪	香水（こうすい）	（名）香水	第 17 课
kono ⓪	この	（连体）这个	第 7 课
konnichiwa ⓪	こんにちは	您好	第 8 课
ko-hi- ③	コーヒー	（名）咖啡	第 15 课
ko-ra ①	コーラ	（名）可乐	第 15 课
korera ②	これら	（代）这些	第 9 课
gokyo-ryoku ⓪	ご協力（ごきょうりょく）	（名）配合	第 10 课
go-u ⓪	豪雨（ごうう）	（名）暴雨	第 19 课

さ

sa-bisu ①	サービス	（名）服务	第 15 课
sangai	3階（さんがい）	（名）3 楼	第 7 课
zaseki ⓪	座席（ざせき）	（名）座位	第 8 课

し

CA（shi-e-）	CA(シーエー)	（名）中国国际航空	第 7 课
shita ⓪	下（した）	（名）下面	第 13 课
shitsumon ⓪	質問（しつもん）	（名/动）质问，问题，疑问	第 20 课
shimatta ②	しまった	糟了，糟糕了	第 19 课
shime ②	締め（しめ）	（动）系上	第 14 课
shiyo- ⓪	使用（しよう）	（动）使用	第 14 课
shiruku ①	シルク	（名）丝绸	第 17 课
shikyu- ⓪	至急（しきゅう）	（名）紧急、火速	第 18 课
shi-toberuto ④	シートベルト	（名）安全带	第 14 课
shi-ru ①	シール	（名）登机牌	第 9 课
jimaku ⓪	字幕（じまく）	（名）字幕	第 16 课
shokuji	食事（しょくじ）	（名）吃饭	第 7 课
shorui ⓪	書類（しょるい）	（名）文件	第 20 课
JAL（jaru）	JAL(ジャル)	（名）日本航空	第 7 课
jaketto ①	ジャケット	（名）夹克，外套	第 12 课
jyuncho- ⓪	順調（じゅんちょう）	（名）顺利、顺当	第 18 课

す

suka-fu ②	スカーフ	（名）围巾	第 17 课
sukuri-n ③	スクリーン	（名）银幕、荧光屏	第 16 课
sugosu ②	過ごす（すごす）	（动）度、过	第 22 课
suberu ②	滑る（すべる）	（动）打滑	第 22 课
su-tsuke-su ④	スーツケース	（名）行李箱	第 9 课
supuraito ③	スプライト	（名）雪碧	第 15 课

supure-	スプレー	（名）喷雾	第 11 课

せ

serifu ⓪	せりふ	（名）台词	第 16 课
semotare ②	背もたれ（せもたれ）	（名）座椅靠背	第 14 课
sewa ①	世話（せわ）	（名/动）帮助、照顾	第 22 课
zenpo- ⓪	前方（ぜんぽう）	（名）前方、前面	第 16 课

そ

soketto ②	ソケット	（名）插口、插座	第 16 课
sore ⓪	それ	（代）那个	第 9 课
so-da ①	そうだ	（助动）据说，听说	第 19 课

た

takuso-suru ⑤	託送する（たくそうする）	（名/动）托运	第 21 课
tashikameru ④	確かめる（たしかめる）	（动）弄清、查明	第 21 课
tana ⓪	棚（たな）	（名）行李架	第 13 课
tanoshimu ③	楽しむ（たのしむ）	（动）快乐、愉快、期盼	第 16 课
tarappu ②	タラップ	（名）旋梯、扶梯	第 22 课
tadaima ②	ただいま	（副）现在	第 14 课
tazuneru ③	尋ねる（たずねる）	（动）找寻	第 18 课
tabako ⓪	タバコ	（名）香烟	第 17 课
ta-minaru ①	ターミナル	（名）航站楼	第 7 课
dairen ①	大連（だいれん）	（地）大连	第 9 课

ち

chika ikkai	地下1階（ちかいっかい）	（名）地下一层	第 7 课
chikatetsu	地下鉄（ちかてつ）	（名）地铁	第 7 课
chakuriku ⓪	着陸（ちゃくりく）	（名）着陆，降落	第 19 课
chanto ⓪	ちゃんと	（副）早就，已经	第 22 课

channeru ①	チャンネル	（名）频道	第16课
chu-gokugo ⓪	中国語（ちゅうごくご）	（名）中国语、汉语	第16课
chu-shoku ⓪	昼食（ちゅうしょく）	（名）午餐	第15课
che kku in ④	チェックイン	（名）办理登机	第7课

つ

tsu-rogawa ⓪	通路側（つうろがわ）	（名）靠过道	第8课
tsugino ②	次の（つぎの）	（名）下一个	第7课

て

tetsuzuki ⓪	手続き（てつづき）	（名）手续	第20课
te-buru ⓪	テーブル	（名）小桌板，桌子	第14课
te-shoku ⓪	定食（ていしょく）	（名）客饭，份饭	第15课
demo ①	でも	（接续）不过、可是	第20课
dewa,mata	では、また	（词组）再见	第22课
deguchi ①	出口（でぐち）	（名）出口	第7课
denshikiki ④	電子機器（でんしきき）	（名）电子产品	第14课

と

toki ⓪	時（とき）	（名）时，时候	第20课
tomaru ⓪	止まる（とまる）	（动）停下，停止	第21课
tore- ②	トレー	（名）托盘，筐	第12课
toru ①	取る（とる）	（动）除去，取下	第18课
to-chaku ⓪	到着（とうちゃく）	（名）到达	第19课
to-jo-ken ③	搭乗券（とうじょうけん）	（名）登机牌	第8课
to-jo-guchi ③	搭乗口（とうじょうぐち）	（名）登机口	第8课
donatasama ④	どなた様（どなたさま）	（名）哪位	第11课
do-itashimashite	どういたしまして	（词组）不用谢	第21课
do-zo ①	どうぞ	（副）请	第10课

な

naka	中（なか）	（名）里面	第 11 课
nanika ①	何か（なにか）	什么东西	第 12 课
naruhodo ⓪	なるほど	（副）(用于肯定对方的意见）果然、的确	第 21 课

に

nihonshiki ⓪	日本式（にほんしき）	（名）日式	第 15 课
nihongo ⓪	日本語（にほんご）	（名）日语	第 16 课
nimotsu ①	荷物（にもつ）	（名）行李	第 8 课
nyu-kokuka-do ⑤	入国カード（にゅうこくカード）	（名）入境卡	第 20 课

の

nochihodo ⓪	後ほど（のちほど）	（副）随后	第 17 课
nomimono ③	飲み物（のみもの）	（名）饮料	第 15 课

は

hanareru ③	離れる（はなれる）	（动）离开，分离	第 18 课
hayaku ①	早く（はやく）	（副）快，迅速	第 18 课
hanbai ⓪	販売（はんばい）	（名）销售、售卖	第 17 课
basu ①	バス	（名）巴士	第 7 课
basho ⓪	場所（ばしょ）	（名）场所，地点	第 21 课
ban ①	番（ばん）	（名）号	第 7 课
pasupo-to ③	パスポート	（名）护照	第 8 课
pasokon ⓪	パソコン	（名）电脑	第 9 课

ひ

hiko-ki ②	飛行機（ひこうき）	（名）飞机	第 18 课
hitsuyo- ⓪	必要（ひつよう）	（名/形动）必要，必须	第 20 课

hiru ②	昼（ひる）	（名）白天	第 15 课
hiyoke ⓪	日よけ（によけ）	（名）遮光板	第 14 课
bin ①	ビン	（名）瓶	第 9 课

ふ

futatsu ③	2つ（ふたつ）	（数）两个	第 9 课
fuben ①	不便（ふべん）	（动/形动）不方便	第 19 课
bu-tsu ①	ブーツ	（名）靴子	第 12 课
puragu ①	プラグ	（名）插头	第 16 课

へ

beruto ⓪	ベルト	（名）腰带	第 12 课
pettobotoru	ペットボトル	（名）塑料瓶	第 11 课

ほ

ho-ho- ⓪	方法（ほうほう）	（名）方法	第 20 课
poketto ②	ポケット	（名）口袋	第 11 课

ま

mae	前（まえ）	（名）前面	第 10 课
massugu ③	まっすぐ	（副）笔直	第 7 课
madogawa ⓪	窓側（まどがわ）	（名）窗边	第 13 课

み

misete kudasai	見せてください（みせてください）	请出示	第 10 课
mite kudasai	見てください（みてください）	请看	第 10 课
mineraruwo-ta- ⑤	ミネラルウオーター	（名）矿泉水	第 15 课
mihon ⓪	見本（みほん）	（名）样本，例子	第 20 课

mimi ⓪	耳（みみ）	（名）耳朵	第 16 课
mibun sho-me-sho	身分証明書（みぶんしょうめいしょ）	（名）身份证明	第 10 课

む

muryo- ⓪	無料（むりょう）	（名）免费	第 7 课

め

menze-hin ⓪	免税品（めんぜいひん）	（名）免税品	第 17 课
me-waku ①	迷惑（めいわく）	（名/形动/动）麻烦、打扰	第 19 课

も

mokutekichi ④	目的地（もくてきち）	（名）目的地	第 19 课
mochikomemasen	持ち込めません（もちこめません）	不能带入	第 11 课
motsu ①	持つ（もつ）	（动）拿，携带	第 18 课
mono ⓪	もの	（名）东西	第 11 课
modoshi ⓪	戻し（もどし）	（动）收回，调直	第 14 课
modori ⓪	戻り（もどり）	（动）返回	第 14 课
mobairubatteri- ⑤	モバイルバッテリー	（名）充电宝	第 9 课
mo-ichido ⓪	もう一度（もういちど）	（副）再一次	第 12 课

ゆ

yu-binkyoku ③	郵便局（ゆうびんきょく）	（名）邮局	第 7 课
yu-ryo- ⓪	有料（ゆうりょう）	（名）收费	第 7 课

ら

ra ppin gu ⓪	ラッピング	（名）打包，包装	第 7 课

わ

wakarimashita	分かりました（わかりました）	我明白了	第 8 课
watashi ⓪	私（わたし）	（代）我	第 11 课
waremono ⓪	割れ物（われもの）	（名）易碎品	第 9 课

附录四 航空日语常用词汇

一、饮料

罗马字	假名	中国语
ocha	お茶（おちゃ）	茶
miruku	ミルク	牛奶
yo-guruto	ヨーグルト	酸奶
remonsui	レモン水（レモンすい）	柠檬水
so-dasui	ソーダ水（ソーダすい）	苏打水
appurujyu-su	アップルジュース	苹果汁
mizu	水（みず）	水
ohiya	お冷（おひや）	凉水
osake	お酒（おさけ）	酒、白酒
bi-ru	ビール	啤酒
wain	ワイン	葡萄酒
wisuki-	ウィスキー	威士忌

二、食品

罗马字	假名	中国语
sushi	寿司（すし）	寿司
sukiyaki	すき焼き（すきやき）	日式火锅
tenpura	天ぷら（てんぷら）	油炸食品
yakimono	焼き物（やきもの）	烧烤食品
nimono	煮物（にもの）	水煮食品
gyu-don	牛丼（ぎゅうどん）	牛肉盖饭
misoshiru	味噌汁（みそしる）	大酱汤
gyo-za	ギョーザ	饺子

续表

罗马字	假名	中国语
shu-mai	シューマイ	烧麦
cha-han	チャーハン	炒饭
hanba-ga-	ハンバーガー	汉堡包
kare-raisu	カレーライス	咖喱饭
sandoicchi	サンドイッチ	三明治
furaidochikin	フライドチキン	炸鸡块
piza-	ピザー	披萨

三、航空公司

罗马字	假名	中国语
chu-gokukokusaiko-ku-	中国国際航空（ちゅうごくこくさいこうくう）	中国国际航空
chu-gokunanpo-ko-ku-	中国南方航空（ちゅうごくなんぽうこうくう）	中国南方航空公司
chu-gokuto-ho-ko-ku-	中国東方航空（ちゅうごくとうほうこうくう）	中国东方航空公司
kainanko-ku-	海南航空（かいなんこうくう）	海南航空公司
amoiko-ku-	厦門航空（あもいこうくう）	厦门航空公司
santo-ko-ku-	山東航空（さいとうこうくう）	山东航空公司
shinsenko-ku-	深圳航空（しんせんこうくう）	深圳航空公司
shisenko-ku-	四川航空（しせんこうくう）	四川航空公司
kissho-ko-ku-	吉祥航空（きっしょうこうくう）	吉祥航空公司
shunjyu-ko-ku-	春秋航空（しゅんじゅうこうくう）	春秋航空公司
zennipponku-yu	全日本空輸（ぜんにっぽんくうゆ）	全日空航空公司
nihonko-ku-	日本航空（にほんこうくう）	日本航空公司
amerikanko-ku-	アメリカン航空（アメリカンこうくう）	美洲航空公司

四、机场

罗马字	假名	中国语
ku-ko-	空港（くうこう）	机场
ta-minarubiru	ターミナルビル	候机楼
VIPru-mu	VIPルーム	贵宾室

罗马字	假名	中国语
kokusaisen	国際線（こくさいせん）	国际航线
kokunaisen	国内線（こくないせん）	国内航线
ea・basu	エア・バス	空中客车
bo-ingu	ボーイング	波音
furaitonanba-	フライトナンバー	航班号
nyu-kokutetsuzuki	入国手続き（にゅうこくてつづき）	入境手续
ze-kan	税関（ぜいかん）	海关
tsu-kan	通関（つうかん）	通关
kanze-	関税（かんぜい）	关税
fa-sutokurasu	ファーストクラス	头等舱
bijinesukurasu	ビジネスクラス	商务舱
ekonomikurasu	エコノミークラス	经济舱
naritaku-ko-	成田空港（なりたくうこう）	成田机场
hanedaku-ko-	羽田空港（はねだくうこう）	羽田机场
kansaikokusaiku-ko-	関西国際空港（かんさいこくさいくうこう）	关西国际机场
ko-beku-ko-	神戸空港（こうべくうこう）	神户机场

五、日语的数字 (1~100)

数字	假名	罗马字
1	いち	ichi
2	に	ni
3	さん	san
4	よん・し	yon/shi
5	ご	go
6	ろく	roku
7	なな・しち	nana/shichi
8	はち	hachi
9	きゅう	kyu-
10	じゅう	ju-
11	じゅういち	ju-ichi

续表

数字	假名	罗马字
12	じゅうに	ju-ni
13	じゅうさん	ju-san
14	じゅうよん	ju-yon
15	じゅうご	ju-go
16	じゅうろく	ju-roku
17	じゅうなな	ju-nana
18	じゅうはち	ju-hachi
19	じゅうきゅう	ju-kyu-
20	にじゅう	ni ju-
30	さんじゅう	san ju-
40	よんじゅう	yon ju-
50	ごじゅう	go ju-
60	ろくじゅう	roku ju-
70	ななじゅう	nana ju-
80	はちじゅう	hachi ju-
90	きゅうじゅう	kyu-ju-
100	ひゃく	hyaku

六、日语的时间

1. 整点

时间	假名	罗马字
1点	いちじ	ichi ji
2点	にじ	ni ji
3点	さんじ	san ji
4点	よじ	yo ji
5点	ごじ	go ji
6点	ろくじ	roku ji
7点	しちじ	shichi ji
8点	はちじ	hachi ji

续表

时间	假名	罗马字
9点	くじ	ku ji
10点	じゅうじ	ju- ji
11点	じゅういちじ	ju-ichi ji
12点	じゅうにじ	ju-ni ji
13点	じゅうさんじ	ju-san ji
14点	じゅうよじ	ju-yo ji
15点	じゅうごじ	ju-go ji
16点	じゅうろくじ	ju-roku ji
17点	じゅうしちじ	ju-shichi ji
18点	じゅうはちじ	ju-hachi ji
19点	じゅうくじ	ju-ku ji
20点	にじゅうじ	niju- ji
21点	にじゅういちじ	niju-ichi ji
22点	にじゅうにじ	niju-ni ji
23点	にじゅうさんじ	niju-san ji
24点	にじゅうよじ	niju- yo ji

2. 分钟

时间	假名	罗马字
1分	いっぷん	ippun
2分	にふん	nifun
3分	さんぷん	sanpun
4分	よんぷん	yonpun
5分	ごふん	gofun
6分	ろっぷん	roppun
7分	ななふん	nanafun
8分	はっぷん	happun
9分	きゅうふん	kyu-fun
10分	じゅっぷん	juppun
11分	じゅういっぷん	ju-ippun

续表

时间	假名	罗马字
20分	にじゅっぷん	nijuppun
30分	さんじゅっぷん	sanjuppun
40分	よんじゅっぷん	yonjuppun
50分	ごじゅっぷん	gojuppun

七、日语的日期

1. 月

月	假名	罗马字
1月	いちがつ	ichigatsu
2月	にがつ	nigatsu
3月	さんがつ	sangatsu
4月	しがつ	shigatsu
5月	ごがつ	gogatsu
6月	ろくがつ	rokugatsu
7月	しちがつ	shichigatsu
8月	はちがつ	hachigatsu
9月	くがつ	kugatsu
10月	じゅうがつ	ju-gatsu
11月	じゅういちがつ	ju-ichigatsu
12月	じゅうにがつ	ju-nigatsu

2. 日

日	假名	罗马字
1日	ついたち	tsuitachi
2日	ふつか	futsuka
3日	みっか	mikka
4日	よっか	yokka
5日	いつか	itsuka

续表

日	假名	罗马字
6日	むいか	muika
7日	なのか	nanoka
8日	ようか	yo-ka
9日	ここのか	kokonoka
10日	とおか	to-ka
11日	じゅういちにち	ju-ichinichi
12日	じゅうににち	ju-ninichi
13日	じゅうさんにち	ju-sannichi
14日	じゅうよっか	ju-yokka
15日	じゅうごにち	ju-gonichi
16日	じゅうろくにち	ju-rokunichi
17日	じゅうしちにち	ju-shichinichi
18日	じゅうはちにち	ju-hachinichi
19日	じゅうくにち	ju-kunichi
20日	はつか	hatsuka
21日	にじゅういちにち	niju-ichinichi
22日	にじゅうににち	niju-ninichi
23日	にじゅうさんにち	niju-sannichi
24日	にじゅうよっか	niju-yokka
25日	にじゅうごにち	niju-gonichi
26日	にじゅうろくにち	niju-rokunichi
27日	にじゅうしちにち	niju-shichinichi
28日	にじゅうはちにち	niju-hachinichi
29日	にじゅうくにち	niju-kunichi
30日	さんじゅうにち	sanju-nichi
31日	さんじゅういちにち	sanju-ichinichi

3. 星期

星期	假名	罗马字
星期一	げつようび	getsuyo-bi
星期二	かようび	kayo-bi
星期三	すいようび	suiyo-bi
星期四	もくようび	mokuyo-bi
星期五	きんようび	kinyo-bi
星期六	どようび	doyo-bi
星期日	にちようび	nichiyo-bi

4、温度

单位	假名	罗马字
零下	ひょうてんか	hyo-tenka
度	ど	do
例:		
−1℃	ひょうてんかいちど	hyo-tenka ichido
0℃	れいど	re-do
5℃	ごど	godo
10℃	じゅうど	ju-do
23℃	にじゅうさんど	niju-sando
35℃	さんじゅうごど	sanju-godo